吉林大学政治学丛书

论西方议会监督制度

王书君 ⊙ 著

LUNXIFANG YIHUI JIANDU ZHIDU

中国社会科学出版社

图书在版编目（CIP）数据

论西方议会监督制度/王书君著 . —北京：中国社会
科学出版社，2010. 11
ISBN 978-7-5004-9286-3

Ⅰ. ①论…　Ⅱ. ①王…　Ⅲ. ①议会制—研究—西方
国家　Ⅳ. ①D521

中国版本图书馆 CIP 数据核字（2010）第 217876 号

责任编辑　王　曦
责任校对　张玉霞
封面设计　李尘工作室
技术编辑　戴　宽

出版发行　中国社会科学出版社
社　　址　北京鼓楼西大街甲 158 号　　邮　编　100720
电　　话　010—84029450（邮购）
网　　址　http://www.csspw.cn
经　　销　新华书店
印　　刷　君升印刷有限公司　　装　订　广增装订厂
版　　次　2010 年 11 月第 1 版　　印　次　2010 年 11 月第 1 次印刷
开　　本　710×1000　1/16
印　　张　12.25
字　　数　200 千字
定　　价　28.00 元

前　　言

　　民主政治是人类政治文明发展的必然结果。在当代世界，无论是西方或是东方，无论是发达资本主义国家或是发展中国家，几乎都在不同程度上实现着民主政治，专制政治虽然还存在，但毕竟是少数而且不占主流，可以说迟早还会被民主政治所代替。民主政治有着其深刻的内涵，人们对其认识和理解的程度和角度不同，对民主政治的解释也多种多样。尤其是社会主义国家和资本主义国家，由于其存在的经济基础不同，更由于阶级观点、意识形态的不同，关于民主政治的理论观点差异较大。但笔者认为，民主政治有其共性，即它所包含的一些基本原则是相同的。就民主政治下政治与行政关系而言，笔者认为以下观点是共同的，即：民主政治是责任政治，民主政治体制下的行政是民主行政、责任行政而非专制行政。民主行政的实质是行政要受民主政治原则支配，行政要受民意支配，行政的目的是要为大众服务，为公共利益服务。民主政治条件下实行的是法治行政，不是人治行政、专制行政。总之，行政要纳入民主政治的轨道。

　　那么，如何使行政纳入民主政治轨道，避免行政专制呢？这就需要建立起有效的监督机制。对行政的监督可以有多种方式。在西方国家的政治实践中，议会对行政的监督是一种较规范、有效的，也是较为完备的制度。资本主义议会制已有三百多年的历史，议会监督制度也经历了初创、改革、发展、完善的过程，在对行政机关的政治控制方面还是较有成效的。人类创造的一切文明成果都应该借鉴、利用，议会监督制度作为世界政治文明的一部分，我们有必要加以研究、分析、批判、借鉴。为此，我们首先应该研究它，否则，批判和借鉴就是空话。也正因为如此，在笔者的这一研究课题中，将要选定几个主要西方资本主义国家，对其议会监督制度加以研究，主要研究范围包括：议会监督权的来源、议会监督权的内容、议会监督权的运作机制、议会监督权运作的环境分析、西方议会监督制度的评价。

政治学是研究以国家政权为核心的社会主要政治现象和政治关系的科学。监督制度是政治学研究的重要内容。议会监督在监督制度中占有重要地位。从政治学学科建立的角度讲，研究议会监督制度有助于政治学理论研究的深入发展，从政治制度研究的角度讲，有助于对政治制度重要组成部分的监督制度加以全面、深刻的认识，推进政治制度的研究。笔者认为，对于西方国家的政治，我们批判也好，借鉴也好，肯定也好，否定也好，其前提是要搞清楚它是什么，为什么是这样，也就是搞清楚作为西方政治制度客观存在的基础是什么，把这种存在放在西方社会、经济、文化、历史传统这个大背景下去考察，这样才能从总体上、一定深度上把握它。政治学研究应源于丰富的政治实践，透过对丰富多彩的政治生活的观察、思考、分析形成科学的政治学理论，反过来指导政治实践。与现实政治生活严重脱节的研究，其现实价值不大。政治学的作用在于能为规范人们的政治活动提供理论基础，能为社会政治生活的发展提供理论方向和现实指导。

中国目前正处于从传统的计划经济体制转向社会主义市场经济体制的大变革时期。我国政府制定的《国民经济和社会发展九五计划和2010年远景目标》中明确指出：今后十五年是承前启后、继往开来的重要时期。我们将在这一时期建立起比较完善的社会主义市场经济体制，全面实现第二步战略目标，并向第三步战略目标迈出重大步伐，为下世纪中叶基本实现现代化奠定坚实基础。由此可见，建立和完善社会主义市场经济体制是今后15年的战略任务。

社会主义市场经济体制是同社会主义基本制度结合在一起的。随着社会主义经济体制改革的进一步深化和社会主义市场经济体制的初步形成和进一步完善，社会主义政治体制改革和政治发展问题将成为政治学研究的重要任务。伟大的改革时代为政治学研究提供了广阔的舞台。每一个政治学研究者要有一种责任感和历史感，以科学的精神和无畏的勇气对中国社会主义民主政治建设作出贡献。通过多年的学习和思考，笔者认为社会主义民主政治建设的任务还相当艰巨。

首先，社会主义民主政治理论需要发展与完善。我们现在的社会主义民主政治理论还不完善，而且有的方面理想主义色彩较浓，对现实政治生活无法加以解释，因而在民主政治实践中往往是头痛医头、脚痛医脚，缺乏总体的改革与发展战略和理论指导。

其次，民主政治运行机制的研究方面还很薄弱。社会主义民主政治的理想无法与实际统一起来，通过具体的、可操作性的机制使之逐步实现。

最后，在民主政治研究过程中，框框太多，难以突破。需要政治学者以极大的勇气，运用马克思主义原理方法，对社会主义政治学理论进行开拓创新。社会主义民主政治建设过程中需要研究和解决的问题很多，在诸多的问题中，人民代表大会制度研究是最具根本性的。按照马克思主义政治理论和中国宪法的规定：在我国，国家的一切权力属于人民，人民行使权力的机关是全国人民代表大会和地方各级人民代表大会。人民代表大会制度是我国的一项根本政治制度。但实际政治生活中人大的作用并没有得以充分发挥，人大的地位与宪法所赋予的地位还有较大差距，人大在人民中的实际形象与理想还存在差距。体现在制度规范中的人大与实际政治生活中的人大反差太大。在人民代表大会制度建设方面，最敏感也最能反映人大地位和作用的是人大的监督权，但在现实中人大监督权的实际体现与宪法的规定差距较大，人大监督权的行使还存在许多问题。因此，研究国家权力机关监督制度，加强和完善国家权力机关的监督是社会主义民主政治实践中提出的紧迫的课题。

研究这一课题，需要放大视角，需要把这个课题放在世界范围内去研究。国家权力机关的监督在西方叫议会监督。议会监督制度在西方有三百多年的历史，西方各国在百年宪政实践中，议会监督制度发展得较为完善，其运行机制也较为成熟，因此，对西方议会监督制度进行研究，有助于开阔视野，拓展思路，批判借鉴，有助于汲取世界政治文明的成果，有益于社会主义民主政治，尤其是人民代表大会制度的科学研究和政治实践。

在西方，议会制度研究的历史很悠久。古希腊、罗马时期，亚里士多德的《政治学》中，就有关于议会思想的萌芽，波里比阿所著四十卷本《罗马史》中、西塞罗的《论共和国》中均有关于议会监督的胚胎。正如恩格斯所指出："没有希腊文化和罗马帝国所奠定的基础，也就没有现代的欧洲。"① 从希腊、罗马那里"差不多可以找到以后各种观点的胚胎、萌芽"②。欧洲中世纪时期，社会完全处于神权的统治和支配之下，政治学"也和其他一切科学一样，成了神学的分支"③。文艺复兴时期，以马基雅弗利的《君主论》、布丹的《共和元论》为主要代表作的资产阶级政治学说产生了。随后，到了17—18世纪一大批欧美思想家如英国的洛克，法国的孟德斯鸠，美国的杰弗逊、潘恩、汉密尔顿等纷纷著书立说，在他们的思想学说中，关于权力分立和监督制约的论述较为丰富，但就议会监督作为专门内容加以研究的则没有。

资产阶级革命完成之后，为适应稳定和巩固资本主义国家政权的需要，资产阶级学者开始对这一问题进行较深入的研究，如约翰·密尔的《代议制政府》、威尔逊的《国会政体——美国政治研究》。为了维护和实现资产阶级的利益，西方政治学研究的主题从倡导和阐发资产阶级的民主价值转向论述和分析资产阶级个人利益和政治权力之间的关系，资产阶级利益与社会之间的关系，自由主义政治哲学较为盛行。如边沁的《政府片论》，密尔的《论自由》、《代议制政府》，沃尔特·巴奇霍特的《英国宪法》，阿尔菲厄斯·托德的《论英国的议会政府》等论著，都在不同程度上涉及议会监督的内容。

资本主义进入垄断时期以后，资产阶级政治学者开始重视对议会制度，包括议会监督制度的研究，并有专门研究议会制度的专著出版。当代西方政治学界，对议会监督制度的研究与过去相比，可以说相当系统、全面和深入。从研究的内容上看，详细而全面，从监督组织、监督对象到监督内容，从监督规则、监督程序到监督手段、监督途径等，可以说有关议会监督的问题都有涉猎。从研究方法上看，从传统的政治学研究方法，如哲学研究方法、历史研究方法、制度研究方法到现代政治学研究方法，包括社会学研究方法、经济学研究方法、心理学研究方法等都加以运用。

---

① 《马克思恩格斯选集》第3卷，人民出版社1972年版，第220页。
② 同上书，第468页。
③ 《马克思恩格斯全集》第7卷，人民出版社1959年版，第400页。

　　当然，西方政治学者的研究都是站在资产阶级立场上，以维护垄断资产阶级政治统治的目的为出发点的。因此，我们不能采取拿来主义的方法，不能全盘接受，需要扬弃。

目　录

第一章

西方议会监督权的来源

任何权力都有其产生的根源。议会监督权也不是凭空产生的，它的来源主要有四个方面：资产阶级思想家的各种学说是监督权产生的思想基础；制度规范作为议会监督权的外显形式是其存在的依据；政治实践是使监督权不断完善的动力；经济利益是监督权存在的根基。

一 议会监督权产生的思想基础——资产阶级政治学说

当代西方议会监督制度是经过三百多年的探索和实践建立起来的。建立之前和在其不断完善过程中，相关的许多资产阶级思想家提出的政治学说起到了积极的指导作用。可以说，没有西方资产阶级思想家们提出的各种有关议会监督的理论为指导，西方议会监督制度不可能建立，更不可能完善。

理论来源于实践又指导实践，脱离实践凭空产生的理论会失去其实践价值，而实践缺乏理论的指导就会陷于盲目之中。在 15—16 世纪伟大的文艺复兴运动中，产生了一批巨人，提出了反对封建等级制度，主张人人自由平等，反对禁欲主义，主张人的世俗快乐和幸福，反对以神为中心，主张以人为中心等思想观点，它是一场资产阶级的伟大的思想解放运动，它拉开了资产阶级革命的序幕，为 17—18 世纪资产阶级政治思想的产生奠定了文化、思想基础。从一定意义上讲，没有文艺复兴这场思想解放运动，就不能产生资产阶级思想学说，不可能有资产阶级革命和建立资本主义政治制度。议会监督制度是资本主义政治制度的一个重要组成部分，自然也不可能建立起来。

17—18 世纪欧洲资产阶级革命和 18 世纪美国的独立战争时期，产生了一些资产阶级政治思想家，代表人物有格老秀斯、霍布斯、斯宾诺莎、弥尔顿、哈灵顿、洛克、孟德斯鸠、卢梭、密尔、亚当斯、汉密尔顿、杰弗逊、潘恩等，他们所提出的政治学说主要包括：契约说、人民主权说、天赋人权说、权力分立与制衡学说、自由主义政治思想，等等。上述政治学说在资产阶级和广大劳动群众中广为传播，深入人心，为资产阶级反对封建专制提供了有力的理论武器，同时也为资产阶级统治者建立国家政权、设计政治构架提供了理论指导。我们可以从这些丰富的资产阶级政治学说中寻找出议会监督权产生的思想基础。20 世纪以来，有关资本主义议会监督的学说又有新的发展，这些学说是增强议会监督权的有力的理论指导。

（一）议会监督权产生的间接思想基础

议会监督权产生的间接思想基础是指对议会监督权的来源进行间接论证的思想学说，这些学说中虽没有对议会监督权如何产生进行直接论述，但我们完全可以从这些政治学说中逻辑地推导出议会监督权产生和存在的理由。这些思想学说主要有天赋人权说、契约说、人民主权说、自由主义政治思想等。

资产阶级思想家提出的天赋人权说、契约说、人民主权说、自由主义政治思想等思想学说，归纳起来，主要是探讨和解决如下几个问题：人是否是自由的？人的权利是怎么获取的？国家或政府是怎么产生的？对谁负责？怎样负责？资产阶级思想家对上述问题的回答可以说是多种多样的，比如，人类处在自然状态下生活的状况怎样、人们的自然权利有多少、如何保障自然权利、国家权力与个人权利如何划界等，都没有达成共识。但是，资产阶级政治思想家关于上述问题的基本政治价值取向是一致的，也就是说，在资产阶级政治思想学说中有一些共同的政治理念，这些政治理念不仅是资产阶级政治思想家的主张，资产阶级统治集团对之也认同，广大劳动人民也给予支持。这些基本的共同的政治价值取向或政治理念主要有如下几个方面：

1. 人生而自由与平等，人的财产、自由和生命不可侵犯。资产阶级天赋人权说中提出的思想虽然是唯心主义的，并没有科学的依据，但这一思想在资产阶级和广大劳动人民反对封建专制制度的斗争中起到了积极作用，广为资产阶级和广大劳动人民所接受，并且成为资产阶级统治者立国、治国的基本政治理念。当然，当资产阶级取得政权后，这一基本政治理念则失去了其普遍的意义，成为资产阶级统治者进行欺骗宣传的招牌了。

2. 人们为了保护其财产、自由和生命，为了更好地幸福生活，通过契约方式组成国家或政府。这是资产阶级契约说中提出的思想。17—18世纪资产阶级思想家中，霍布斯、格老秀斯、卢梭等人都对契约说进行过论述。契约说阐述了国家或政府的产生是人们互相订立契约的结果，而人们互相订立契约的目的是为了使每个人都能够获得财产、自由和生命的保障。因此，因人们订立契约而组成的国家或政府的目的就是要实现契约的目的。资产阶级思想家对政府的目的都有明确的论述：斯宾诺莎认为，国家的目的"是为了使人能够和平共存"①。他曾经指出："文明国家把和平安全的生活作为目标，因此，最佳的政府是使'人们和谐生活、严守法律的政府，"② 霍布斯认为国家的目的是"为人民求得安全。"③ "这里所谓的安全还不单纯是指保全性命，而且也包括每个人通过合法的劳动、在不危害国家的条件下可以获得生活上的一切其他的满足。"④ 弥尔顿认为政府的目的"不论在和平和战争时都首先要保障人民的自由"⑤。洛克说："人们联合成为国家和置身于政府之下的重大的和主要的目的，是保护他们的财产。"⑥ 卢梭认为：人民同意建立政府的目的，就是要保护"构成他们生存要素：财产、自由和生命"⑦。卢梭在《社会契约论》一书中称：社会契约的宗旨是"要寻找出一种结合的形式，使它能以全部共同的力量来维护和保障每个结合者的人身和财富，并且由于这一结合而使每一个与全体相结合的个人又只不过是在服从自己本人，并且仍然像以往一样地

---

① ［意］萨尔沃·马斯泰罗内：《欧洲政治思想史》，社会科学文献出版社 1992 年版，第 117 页。

② 同上书，第 119 页。

③ 同上书，第 260 页。

④ 同上。

⑤ ［英］弥尔顿：《为英国人民声辩》，商务印书馆 1995 年版，第 140 页。

⑥ ［英］洛克：《政府论》（下篇），商务印书馆 1995 年版，第 77 页。

⑦ ［法］卢梭：《论人类不平等的起源和基础》，商务印书馆 1962 年版，第 132 页。

自由"①。潘恩说:"政府的意图和目的:自由和安全。"塞缪尔·亚当斯说:"政府的伟大目的是保证权利和财产安全……使权利和财产发生危险的措施也倾向于使财产和政府两者趋于毁灭。"②

3. 国家或政府权力是人民给予的,一切权力来源于人民。这是人民主权说的核心内容。这一思想在 16—18 世纪资产阶级思想家格老秀斯、洛克、孟德斯鸠、卢梭等人的著作中都有论述,尤其是卢梭的人民主权思想更为系统和完善。人民主权思想弥漫了整个 17—18 世纪的西方社会,它倡导:国家或政府是人民缔结契约、让渡权利的结果;一切权力属于人民;国家官员只是人民权利的具体执行者,其权力是人民赋予的。人民对于国家或政府及其官员有权监督。

4. 19 世纪自由主义思想。19 世纪中期,工业资产阶级确立了其在国家政权中的统治地位,他们要求实行自由经营、自由贸易、自由竞争。为适应这种社会形式的需要,以边沁、密尔为代表,提出并大肆宣扬以个人主义、个人自由为核心的自由主义思想。19 世纪的自由主义主张国家不干涉私人经济的放任主义,主张企业经营、贸易、竞争的完全自由化。社会经济生活应由"看不见的手"——市场来调解而不是由"看得见的手"——政府来干预。19 世纪的自由主义对西方社会影响很大,在美国,"从 1776 年到现在,或者至少到 1933 年,这种自由主义一直占有优势"③。自由主义反映在政治领域,就是一种政府无为主义,放任主义。亚当·斯密认为,政府尽三种义务就可以了,"第一,保护社会,仅不受其他独立社会的侵犯。第二,尽可能保护社会上各个人,使不受社会上任何其他人的侵害或压迫,这就是说,要设立严正的司法机关。第三,建设并维持某些公共事业及其某些公共设施"。④ 到了 19 世纪末和 20 世纪初,随着资本主义进入垄断阶段,以及垄断导致经济危机的出现,从斯宾塞、格林、杜威等人开始,对自由主义思想进行了修正和发展,形成了"新自由主义"。新自由主义者认为,自由并不是完全不受约束,也不是为所

---

① [法]卢梭:《社会契约论》,商务印书馆 1995 年版,第 23 页。
② [美]梅里亚姆:《美国政治学说史》,朱曾汶译,商务印书馆 1988 年版,第 33 页。
③ [英]罗素:《西方哲学史》下册,商务印书馆 1976 年版,第 128 页。
④ [英]亚当·斯密:《国富论》,下卷,商务印书馆 1979 年版,第 252—253 页。(2008 年新版为第 253 页)

欲为。自由是指一个可以按照共同的"善"即公共福利这一原则去行动和生活的自由。国家是维护自由的工具，是实现公民自由权的手段，而不是目的。但是，作为一种权力，不管是由经济集团行使的权力，还是由政府行使的权力，都具有侵犯民益的危险性。因此，还必须有一种民益的保护措施，这就是对权力的运用要加以严格的限制。

　　以上对资产阶级思想家提出的几种学说的核心内容进行了概括，我们可从这些思想学说中逻辑地推导出议会监督权产生和存在的思想基础：人们都具有生命、自由、财产等天赋权利，国家或政府是为保护人们的天赋权利而依契约产生的，人民是国家主权的最终来源，因此，国家或政府的行为必然要接受人民的监督，这样才能保证国家按契约来履行其职责。人民监督国家或政府是通过代议机构——议会来实现的，议会代表民意，表达民意，自然享有对政府的监督权。如果按照神学政治理论，国家是上帝意志的产物，代表上帝的意志，人民只有服从上帝的意志。上帝以外无权利，那么，就不可能推导出人民享有监督权，更无所谓议会监督权了。按照自由主义思想学说也可以找到议会监督权产生和存在的思想基础：自由主义的中心问题是个人的自由如何获得充分保障，只有自由获得充分保障，个人潜能和才智才可以得到发挥，社会才可以进步。政府的目的也就是要充分给予个人自由的保障。因此，人们离不开政府，政府的存在是绝对的，政府要运用政治权力来保障个人的自由。但政府的存在就意味着政治权力的存在，而政治权力的存在就意味着有滥用权力的危险性的存在，意味着对个人自由侵犯的危险性的存在。因此，必须要有有效的措施对政府权力加以监督和制约，防止其滥用权力。这就为议会监督权力的产生和存在提供了思想基础。因为议会拥有监督政府的权力，就是为了约束和控制政府滥用权力，促使其依法行政，防止其侵犯他人的自由权利，这显然符合自由主义思想。由此可见，资产阶级思想家的天赋人权说、契约说、人民主权说、自由主义政治思想是西方议会监督权产生和存在的间接的思想基础。

　　这里需要说明的是，上述资产阶级政治思想，如果运用马克思主义立场、观点进行剖析，可以说，这些思想都是以唯心主义为基础产生的，虽然其中的论述有一些合理成分，但总的看是不科学的，是为资产阶级统治服务的。但对于资产阶级统治者来说，这些理论是正确的、科学的，或者是基本正确的、科学的，资产阶级信奉它，资产阶级统治者把它作为立国、治国的理论指导。就议会监督制度而论，这些理论显然是议会监督权产生和存在的"合理性"论据。

（二）议会监督权的直接思想基础

议会监督权的直接思想基础有两个，一是政治原罪论，二是分权与制衡学说。

1. 政治原罪论。在西方的政治思想史中，从古至今一直存在着一种政治原罪的思想，认为掌握权力的人有一种自私和邪恶的自然本性和犯罪的潜在危险。因此，必须建立一定的机制来监督制约掌权者。政治原罪来源于权力原罪与人性原罪的结合，权力原罪指权力都有被滥用的危险，权力是罪恶。美国学者格尔哈斯·伦斯基指出："权力有作恶和滥用的自然本性：这一原则由西方人士所信奉，最迟同文字、文明一样古老。"① 到了近代，资产阶级学者更加尖锐地提出，权力导致腐败，绝对的权力必然导致绝对的腐败。马克斯·韦伯曾提出，权力即使在面临反对的情况下也有能实施自己愿望的能力，也能够滥用和借此贪赃。在资产阶级思想家眼里，"权力作恶"是永恒的现象。权力作恶或权力原罪是由人性恶引起的。从古希腊到近代资产阶级思想家，几乎都坚持人性原罪论，认为人性恶。柏拉图认为人的灵魂是由理性、意志和欲望三部分组成，人本身就有贪婪利禄的本性。因此，一有机会和条件便会自然表现出来。早期基督教最著名的作家圣·奥古斯丁对人性恶论述道："奥古斯丁教导说，人类来世以后，人的本性被原罪破坏了（指人类原罪，认为人类祖先亚当、夏娃在天堂偷吃了禁果而犯罪，因此他们后来的子子孙孙都有原罪）。人类本质中善良的因素虽然没有泯灭，但却变得比较脆弱，容易被邪恶的倾向所挫败。以前那种爱的秩序让位于这样一种生活状况，即色欲、贪婪、激情和权欲起着明显的作用，于是，死亡之神便降临于人类，作为对其腐败的惩罚。"② 这种人性原罪说后来为近代资产阶级思想家接受并得以进一步发展。罗素曾指出："在人类无限的欲望中，居首位的是权力欲和荣誉

---

① ［美］格尔哈斯·伦斯基：《权力与特权：社会分层理论》，关信平等译，浙江人民出版社1988年版，第8页。

② ［美］E.博登海默：《法理学——法哲学及其方法》，邓正来等译，华夏出版社1987年版，第23页。

欲。""既使仅有微弱权力和荣誉的人,以为再增加一点权力和荣誉就满足,但他们错了,这种欲望永无休止和满足,只有在上帝的无限境界里才能得到安息。"① 孟德斯鸠曾有过精辟论断:"一切有权力的人都很容易滥用权力,这是万古不易的一条经验。有权力的人们使用权力一直遇到有界限的地方才休止。"② 资产阶级思想家接受并宣扬这种政治原罪论,资产阶级统治者也以此为设计政治构架的指导思想之一。这在美国建国之时表现得很明显。早期美国的政治学说中普遍认为:政府是"必要的恶",政府是不能信任的。"政府不只是人民的仆人,而且是一个不能信赖的、靠不住的仆人。不能让政府自由地掌管它的主人的事务,相反,必须多方面对它施加限制;必须在每一个可能的要点上对它约束,随时都对它抱戒心。否则,它就会不再是仆人,并且反仆为主。""政府永远倾向于成为压制的,因而是个人自由的大敌。"③ 在美国政治家们的头脑中,他们认定人性邪恶,认定权力必然产生腐败。麦迪逊的言论很具代表性,他说:"政府本身若不是对人性的最大耻辱,又是什么呢?如果人都是天使,就不需要任何政府了。如果是天使统治人,就不需要对政府有任何外来的或内在的控制了。"④ 资产阶级思想家和政治家在这种思想指导下,设计资本主义政治制度的构架时,必然会采取一些措施加强对权力监督,可以说,议会监督权的产生以及不断完善、加强与这一思想有直接关系。

2. 分权与制衡学说。分权与制衡学说可以追溯到古希腊、罗马时期。学术界一般认为,古希腊思想家亚里士多德最早提出了分权思想。他在其著作《政治学》一书中提出了简朴的分权思想。古罗马思想家波里比阿在《罗马史》中又得以进一步阐述。分权制衡思想在古希腊、罗马思想家那里虽有所体现,但是,那时候的三权之间还没有明显分开,而是相互混杂,制衡思想还显得很朴素。到近代资产阶级思想家洛克、孟德斯鸠,三权分立与制衡学说才有较系统的阐述。洛克在《政府论》一书中,孟德斯鸠在《论法的精神》一书中都对分权与制衡学说阐述得较系统和深刻。洛克和孟德斯鸠的权力分立与制衡的思想,对殖民地时期的美国有一

---

① 〔英〕伯特兰·罗素:《权力论》,靳建国译,东方出版社1988年版,第2—3页。
② 〔法〕孟德斯鸠:《论法的精神》,张雁深译,商务印书馆1961年版,第154页。
③ 〔美〕梅里亚姆:《美国政治学说史》,朱曾汶译,商务印书馆1988年版,第41页。
④ 〔美〕汉密尔顿:《联邦党人文集》,程逢如等译,商务印书馆1995年版,第264页。

定的影响，在独立战争前后，一批政论家、思想家如奥蒂斯、约翰·亚当斯、塞缪尔·亚当斯、迪金森、潘恩、杰弗逊和汉密尔顿等结合当时的实际进一步发展和完善了典型的、可操作的权力分立和制衡思想。尤其在《联邦党人文集》中，这一思想体现得更为明确。

首先，确立共和政体，人民主权原则。"人民是权力的唯一合法泉源，政府各部门据以掌权的宪法来自人民。"① "人民是一切正当政治权力的基础这个命题在当时是简直没有争论余地的。由于一切人生来都有同样的天赋权利，一切合法政府必须以个人同意为根据，因此人民大众显然是国家的基础。无论何种主权非经人民同意和批准，都无法存在或继续存在。因此，人民所固有的和不可剥夺的主权被认为是一个其有效性无可争辩的政治原则——一个无懈可击的前提。尽管这个学说经常被引用，但很少有人对它进行科学的探讨；确实，它被一致公认到这个地步，以致再对这个问题苦心议论似乎是多余的了。"② 理查德·霍夫施塔说："开国先辈们在思想上继承了17世纪英国的共和主义者，反对专横统治，信仰人民主权论"，"开国先辈们普遍接受这个论点，因为，如果政府权力不来自于人民，那么，它还有什么其他合法来源呢?"③

其次，进一步提出了权力分立与制衡学说，关于政府的目的以及对权力的认识上达成共识。政府的权力来自于人民，政府的目的就是为人民谋幸福。"政府就是由人民和为人民而成立和维持的。"④ 美国的政治家约翰·汉考克说："被统治者的人身和财产安全是民间政府的目的，这是如此的明显，要为它提出一个合理的论据，等于是白天点燃蜡烛来帮助太阳照亮世界。"⑤ 塞缪尔·亚当斯断言："政府的伟大目的是保证权利和财产的安全……使权利和财产发生危险的措施也倾向于使财产和政府两者趋于毁灭。"⑥ 政府为实现上述目的，必须掌握一定的权力，但怎样才能使政

---

① ［美］汉密尔顿：《联邦党人文集》，程逢如等译，商务印书馆1995年版，第257页。

② ［美］梅里亚姆：《美国政治学说史》，朱曾汶译，商务印书馆1988年版，第29页。

③ ［美］理查德·霍夫施塔：《美国政治传统及其缔造者》，崔永禄译，商务印书馆1994年版，第9—10页。

④ ［美］梅里亚姆：《美国政治学说史》，朱曾汶译，商务印书馆1988年版，第32页。

⑤ 同上书，第33页。

⑥ 同上。

府能够合法地运用权力，不至于滥用权力，出现暴政呢？他们在设计自己的政府结构时，提出了权力分立与制衡的设计方案："先辈们坚信除非政府的三种权力——立法权、行政权和司法权——分立，每种权力都单设立一个政府机关，否则政治自由就靠不住。"① 对于当时的理论家来说，每个官员都可能是对个人及其财产安全的敌人。因此，自由的重要保证乃是给统治者可能少的权力并对之施加众多限制，乃是使各种权力平衡，乃是迫使官员经常回到人民中去以争取重新任职。这些办法被用来贯彻民主学说，防止专制政治卷土重来。② "政府之一切权力，立法权、执法权及司法权，都归于立法机构。这种把这些权力集中于同一批人手中的情形正是暴政的要义。多人揽权的坏处并不比一人掌权少。173 个暴君肯定同一个暴君一样暴虐。……他们虽由我们自己选出，但对我们并无多少裨益。我们奋争所求者决非民选专制的政府，我们所求的政府需以自由原则为基础，其权力需由几个行政机构分享并且相互制衡，如此则无可越其法律界限而不受其他机构的有效牵制。"③ 麦迪逊也说："立法、行政和司法权置于同一人手中，不论是一个人、少数人或许多人，不论是世袭的、自己任命的或选举的，均可公正地断定是虐政。"④ 他还说："权力具有一种侵犯性质，应该通过给它规定的限度在实际上加以限制。""我们所争取的政府不仅以自由的原则为基础，而且其权力也在地方行政长官的几个机构中这样划分并保持平衡，以致没有一种权力能超出其合法限度，而不被其他权力有效地加以制止和限制。"⑤ 在制宪会议上，各个派别的政治家进行了思想交锋，最终确立了美国现在的三权分立和制衡体制。在这种体制中，立法权、行政权、司法权三权分立并彼此牵制，达到一种平衡状态。

17—18 世纪资产阶级思想家关于权力分立和制衡的思想对资产阶级革命和政权的建立有直接的影响。就对法国的影响而言，萨拜因说："到了18 世纪，随着笛卡儿学说变成某种经院哲学，遂为洛克的哲学和牛顿的科

---

① ［美］梅里亚姆：《美国政治学说史》，朱曾汶译，商务印书馆 1988 年版，第 42 页。

② 同上书，第 44 页。

③ ［美］理查德·霍夫施塔：《美国政治传统及其缔造者》，崔永禄译，商务印书馆 1994 年版，第 30 页。

④ ［美］汉密尔顿：《联邦党人文集》，程逢如等译，商务印书馆 1995 年版，第 246 页。

⑤ 同上书，第 252—254 页。

学所取代……在政治思想上接受洛克的哲学乃是必然的结局。随着伏尔泰于 1726—1729 年在英国居住，孟德斯鸠十年之后也来到英国，于是洛克的哲学便成了法国启蒙思想的基础；对英国政治制度的赞赏也就成了法国自由主义的基调。"自此以后，"'新的思维方法'，成为哲学和心理学思考问题的通则，洛克的《两篇政府论》（当然还辅之以英国其他著作）阐述的原则也就成了政治和社会批判的原则"。据此，"政治改革必须以保证成立责任政府为宗旨，政府必须是代议制，以便约束权力的滥用和暴政的推行，取消垄断和特权"。"就这些一般原则的道理而言，法国不同作家之间以及他们与洛克之间并无实质区别，但法国的不同环境却使这些学说的抽象要领同英国的学说具有十分不同的色彩。"① 孟德斯鸠在借鉴洛克分权思想的基础上对三权分立与制衡理论进一步加以完善，在法国宪法中体现了出来。就对美国的影响而论，梅里亚姆说："先辈们的政治学说，基本原则与十七世纪英国革命者的那些基本原则相似"②，"在前一个世纪中，英国发生过两次革命，革命学说在约翰·洛克的论文中获得了经典性的阐述。这样，无论在历史事件方面还是哲学公式方面美国人都从英国获得了众多的先例"③。"洛克是十七世纪最负盛名的民主理论家，他的思想对殖民者有举足轻重的影响。几乎每一个作者都受洛克的感化，许多作者引证他的话，其他许多作者的言论明白无误地表现出洛克的哲学的特征。奥蒂斯的第一篇重要演说完全以洛克思想为依据；塞缪尔·亚当斯在论述《殖民者作为人及英国臣民的权利》时也遵照同一模式。《独立宣言》的许多词句都可以在洛克的《政府论》中找到，当时的重要作家几乎没有一个不公开引证洛克，或暗中效法。"④ "孟德斯鸠《论法的精神》（1748）是殖民者所熟知的，书中包含的学说经常被引用。"⑤ 1790 年，托马斯·杰弗逊曾称赞洛克著作"是目前最完善之书"⑥。1787 年 9 月 17 日制宪会议通

---

① ［美］乔治·萨拜因：《政治学说史》，商务印书馆 1986 年版，第 613 页。
② ［美］梅里亚姆：《美国政治学说史》，朱曾汶译，商务印书馆 1988 年版，第 25 页。
③ 同上书，第 29 页。
④ 同上书，第 48 页。
⑤ 同上书，第 49 页。
⑥ ［美］理查德·霍夫施塔：《美国政治传统及其缔造者》，崔永禄译，商务印书馆 1994 年版，第 31 页。

过的合众国宪法中，也体现洛克和孟德斯鸠的分权与制衡思想，《联邦党人文集》第四十七篇中，麦迪逊就曾对孟德斯鸠的三权分立和制衡思想进行专门阐述。但应该说，最终通过美国宪法所体现的——三权分立与制衡思想是美国的政治家们在继承洛克和孟德斯鸠思想的基础上针对美国的政治现实所进行的新的政治试验，也可以说是创造性的发展。

综上所述，议会监督权有其深刻的思想理论基础。每一个资本主义国家政治体制中几乎都赋予议会以广泛的监督权，而要对这一权力的来源进行寻根，或者说要从理论上证明议会监督权的合法性，就必须从资产阶级的天赋人权学说、契约说、人民主权学说、自由主义政治思想、政治原罪说、三权分立与制衡思想中去寻找理论根据和思想基础。

（三）当代西方政治学领域中有关监督的学说

在近代西方政治学说中，我们探讨了议会监督权来源的思想基础。西方议会正是在这些学说指导下确立与行使其监督权的。随着资本主义发展到垄断阶段，有关议会监督的学说又有了新发展，尤其是第二次世界大战以后，监督学说可以说层出不穷。这些学说的出现，反映出社会公众对于监督问题的关注，对于加强当代西方议会监督具有指导意义。

在当代西方政治学说中，有关监督的学说主要包括马克斯·韦伯的科层制理论；公共选择学派的垄断者政府论；罗伯特·达尔的政治多元理论；塞缪尔·亨廷顿的政治腐败论；政府寻租论。马克斯·韦伯认为，现代组织都是以科层制为基础建立起来的，科层制组织形式具有公正、科学、高效率的优点，但科层制的麻烦在于官员们并不总是以他们应当遵循的方式行事，他们具有一种人类本能的趋向。即试图增大自己的权力，他们不是作为一个忠实的仆人去行事，而是力求成为他们所管辖部分的主人。对文件的垄断常常是他们手中极为便利的武器，凭借从官方情报到保密资料的转换，凭借仔细的证据处理和有选择性的事实描述，便可以在行政管理公正无私的幌子下，支配或强烈地影响政策，使政府部长俨如他们自己部门的雇员或成为傀儡人物。这种侵入政治领域的行为，是一种权力的滥用行为。马克斯·韦伯看到了这种官僚病，提出了消除官僚病的措施：其一，实行行政职能部门的会议制，扩大决策参与范围；其二，改变行政首长的非专业现象；其三，实行直接民主制，保证政府官员直接受议会监督。

公共选择学派认为，人们必须排除凡国家、政府都会尽心尽责为公众利益服务的观念，不应视政府为按公众要求提供公共物品的机器，而要看到政府既是由个人选出也是由个人组成的群体。因此，选举规则和个人的多元目标追求是决定政府行为的重要因素，在任何不合理的选举规则下产生的政府以及政府官员为满足不合理的个人追求而采取的行动，都将把经济状况和社会福利引入恶化的境地，由此确立了应把政府置于有效监督之下的观点。公共选择学派认为，一个国家的合法政府只有一个，具有垄断性质，政府居于某些迫切需要的公共物品（如国防、警察、消防、公路）的垄断供给者的地位。从政府作为垄断供给者的事实出发，公共选择学派论证了对政府监督的必要性。一是作为执政党的政府可能利用垄断供给者的地位，为该党牟取私利。二是由于政府是垄断供给者，政府产出的供给活动便具有了非市场交易的特征。政府机构完全丧失了对效率、效益追求的内部动力和外部压力。三是由于政府产出的供给活动缺乏效率、效益追求的环境和动力，政府机构具有过度膨胀、资金预算具有过度扩张的趋势。官员们总是追求预算的最大化和机构的扩充化，而议会对于政府资金年度预算方案的审定，常常由于政府机构产出量的难以测定性而陷入窘境。以上这些存在于政府机构所需提供的公共物品和服务效益之间的矛盾，引出了对机构和资金的控制、监督问题。

罗伯特·达尔提出的政治多元主义学说，在当代西方政治学界影响很大，达尔认为，国家的政体分为多头政制、寡头政制、混合政制三种。在寡头政制下，由于多数人被排除在政治生活之外，由于反对派遭到镇压，政府领导人不受封闭的领导小集团的挑战，政府和民众之间的关系是单边控制，即政府对民众的控制，政策是通过等级和强制命令达成的。这种情况在混合政制下也好不了多少。而只有在多头政制下，民众反对和参与的政治权力比寡头政制广泛得多，所以政府和民众的关系是双边控制，政府的政策往往是通过谈判和说服来决定的。在多头政制下，民众有了有效的参与，充分的议政，可以对议事日程作最终的控制。政府才能得到有效的约束和控制。达尔对当代西方一些实行多头政制的国家提出了批评，认为政府不能高度提供参与机会，普通公民不能对它有太多的影响。因此，有必要进一步提高民主监督的程度。

塞缪尔·亨廷顿在政治发展问题的研究中对腐败问题进行了较深入的探讨，他在指出现代化过程中的国家政治腐败严重化的同时，认为发达的国家也存在严重腐败问题。他认为，腐败自然会使政府行政系统受到削弱，或使行政体系的软弱无能长期得不到改善。他的论断引起了发展中国家和发达国家的警觉，都在尽力寻找对行政进行监督的良策。

寻租理论是 20 世纪七八十年代在西方出现的一个学派，该学派从经济学的角度透视了政府与社会组织（主要指企业）的经济关系。寻租理论的代表人物之一弗雷德·麦克切斯内在《抽租与创租》一文中指出，政府寻找活动，既是政府的"政治创租"过程，也是政府的"抽租"过程，在"政治创租"过程中，政府官员利用行政干预的办法来增加私人企业的利润，人为地创设出租金，诱使企业向他们缴纳"贡款"作为得到租金的条件。在"抽租"过程中，政府官员提出某项会使企业利益受到损害的政策作为威胁，迫使私人企业舍一部分利润与政府官员分享。寻租活动给政府和社会造成了极大的危害。它毒化了政府的空气，使政府滑向腐化深渊。它导致了社会资源的惊人浪费，成为一大公害。它使社会风气败坏。但寻租活动是客观存在的，这就需要各国加大监督力度，尽力避免这种活动愈演愈烈的趋势。

当代西方政治学中的诸多监督理论，是对近代监督理论的继承和发展。但有其自身的特点，其一，研究方法上注重采用经济理性主义的科学方法，如进行成本、交易、效用、供求等分析，使人们对政府监督问题有更简捷、精细、具体的了解。其二，从社会文化、人的心理等层面来分析权力滥用的原因和相应的措施。在一定意义上有利于监督制度不断完善。

二　议会监督权的外显形式——制度规范

议会监督权在各个西方国家的宪法和宪法性法律、法令中都有明确的规定，在英美法系承认习惯法、不成文法的国家，议会监督权也来自惯例，以法律条文或者通过惯例确立的议会监督权，具有规范性、形式性和强制性的特征，它通过这些外显形式规定，给予议会监督权以合法的身份，它是议会行使监督权的法律依据。同时也对其监督权予以范围限制，以免其滥用此权。

（一）各国通过宪法或宪法性文件确立议会监督权的宪法根据

资产阶级思想家关于天赋人权、社会契约、人民主权、自由主义、权力分立与制衡学说是议会监督权的思想基础。这些学说又以法律规范的形式体现在西方各国的宪法条文之中，成为议会监督权的法律基础。通观各主要西方国家的宪法，其所体现的基本原则是人民主权原则、保障公民基本权利和自由的原则、保障私有财产原则以及权力分立与制衡原则。这些原则的基本内容如下：

1. 人民主权原则

人民主权原则在 17—18 世纪资产阶级思想家的学说中得以充分阐述，资产阶级革命后各国的宪法中均体现了这一原则。法兰西第五共和国宪法第三条第一款规定：国家主权属于人民，由人民通过其代表和通过公民投票的方法行使国家主权。德意志联邦共和国基本法第二十条第二款规定：主权属于人民。它由人民通过选举和全民投票方式，以及通过有立法权、行政权和司法权的专门机构行使之。意大利 1947 年的宪法第一条第二款规定：主权属于人民，由人民在宪法所规定的形式和范围内行使之。日本国 1946 年的宪法第一条规定：天皇是日本国的象征，是日本国民统一的象征，其地位，以主权所属的日本国民之意志为依据。英国没有统一的宪法文书，英国宪法的构成成分包括历史上带有规约性质的宪法文件，如 1628 年的权利请愿书，1689 年的权利法案；由议会制定的具有宪法性的法律，如 1679 年的人身保护法，1701 年的王位继承法等；一些法院裁判；一些涉及宪法实质的固有的普通法以及宪法惯例。从这些宪法成分中可以看出，其宪法也是规定主权在民原则。美利坚合众国宪法中虽没有规定这一原则，但我们从有关参众两院议员由公民直接选举和总统由人民选举的规定中可以推导出其权力来源于人民。而美国《独立宣言》（1776）中明确说：政府的正当权力则系得自被统治者的同意。由此可见，主权在民原则在美国宪法中也有所体现。

2. 保障公民基本权利和自由的原则

法兰西第五共和国宪法序言中提到："法国人民庄严宣告：他们忠于1789 年的人权宣言所规定的，并由 1846 年宪法序言所确认和补充的各项人权和国家主权的各项原则。"1789 年的《人权宣言》共十七条，确定了一系列条款：如：在权利方面，人们生来是而且始终是自由的，在权利方面是平等的。任何政治结合的目的都在于保存自然的和不可让与的人权。这些权利就是自由权、财产权、安全权和反抗压迫权。每个公民都有言论、著述和出版的自由。美国《独立宣言》中称：人人生而平等，他们都从他们的造物主那边被赋予了某些不可转让的权利，其中包括生命权、自由权和追求幸福的权利。美利坚合众国宪法中虽然起初没有公民的"权利法案"，但1789年9月国会便提出了第一条至第十条修正案，即"权利法案"。这十条的内容是：第一条至第五条，是规定公民应享有的自由权利，如宗教信仰自由，言论自由，出版自由，和平集会和向政府请愿的自由权利。第五条至第八条，主要规定公民在司法诉讼中应享有的各项权利。第九条至第十条规定，未列举的公民权利，或未禁止行使的权利，为公民所保留，不得加以剥夺和取消。英国虽没有成文的宪法法典，但在1679年通过的《人身保护法》，1689年通过的《权利法案》中，规定了公民应享有的某些基本权利。1946年的日本国宪法第三章国民的权利与义务中，第十一条规定：不得妨碍国民享有的一切基本人权。本宪法所保障的国民的基本人权，为不可侵犯的永久权利，现在及将来均赋予国民。第十一条至第四十条详细列举了国民的权利和义务。德意志联邦共和国宪法（1949年5月8日通过），第一章第一条至第十九条专门规定了人民的"基本权利"。

3. 保障私有财产权原则

保障私有财产权是西方宪法中的一项核心原则。在资产阶级思想家看来，公民财产权是自由的基础。确定财产权不可随意剥夺是为了保障自由。在资产阶级看来，所谓暴政就是对财产的随意剥夺。迪金森的巧妙推论法证明无代表权的赋税是暴政：上帝未给任何人以使他人受苦之权，故必须有幸福之权。无自由则无幸福可言，故必须有自由之权。无财产安全则无自由可言，故必须有财产安全之权。财产如未经本人同意即可取走则无安全可言，故必须只有在本人或通过本人代表同意的情况下始可征税之权。因此，西方宪法条款中对此都有规定：英国的《权利请愿书》（1627）规定：自今而后，非经国会法案共表同意，不宜强迫任何人征收或缴付任何贡金、贷款、强迫献金、租税或类此负担。《权利法案》（1688）中指出：凡未经议会准许，借口国王特权，为国王而征收，或供国王使用而征取金钱，超出议会准许之时限或方式者，皆为非法。意大利共和国宪法（1947）第四十二条第二款规定：法律承认并保障私有财产。德意志联邦共和国基本法（1949）第十四条第一款规定：财产权和财产继承权受到法律保护，其内容及范围由法律规定之。日本国宪法（1946）第二十九条规定：财产权不得侵犯。

4. 权力分立与制衡原则

权力分立与制衡是西方国家机构组成的一个原则。各国宪法或者明文规定，或者隐含有这一原则。美利坚合众国宪法第一条、第二条、第三条的首句话分别是：本宪法所授予的各项立法权，均属于由参议院和众议院组成的合众国国会；行政权属于美利坚合众国总统；合众国的司法权，属于最高法院及国会随时规定和设立的低级法院。在分权的同时又渗透着制衡因素。如宪法规定，立法权属于国会，但国会通过的法案只有经总统签署后，才能生效成为法律，总统拥有法案否决权。总统与外国缔结条约时，要经国会参议院2/3的议员投票批准后才能生效。最高法院有宪法解释权，通过此权可判定议会立法违宪。日本国宪法第四十一条规定：国会是国家唯一的立法机关。第五十九条规定：法律案，除本宪法有特别规定者外，经两议院通过后即成为法律。第九十六条规定：修改宪法的创议权属于国会。第六十五条规定：行政权属于内阁。第六十六条规定：内阁行使行政权，对国会负连带责任。第七十六条规定：一切司法权属于最高法院及由法律规定设置的下级法院。日本国会、内阁、法院之间存在着互相制衡关系。如：宪法第六十七条规定：内阁总理大臣经国会议决在国会议员中提名。第六十九条规定：内阁在众议院通过不信任案或信任案被否决时，如十日内不解散众议院必须总辞职。国会对法院的制约手段主要是弹劾法官。内阁对国会的制约主要表现在，根据宪法第七条及第六十九条规定，内阁可提请天皇解散国会众议院，内阁主要是通过掌握着高级法官的提名权或任命权制约法院。法院主要是通过行使违宪审查权，对国会立法活动进行监督和制约；通过行政审判，审查内阁制定颁布的违宪的法令和法规。其他西方各国无论是实行议会内阁制，或是实行总统制，或是实行半总统半议会制，其宪法条款中都在不同程度上规定三权分立及制衡。在这种权力关系中，议会合法地获得了对政府总统及内阁的监督权或制衡权。

西方各国宪法中所体现的上述原则，从根本上保证了议会监督权。我们从这些原则中可以自然推导出如下结论：既然国家权力来源于人民，政府行使权力的目的是为了人民的幸福和安全，议会是人民的代议机关，议会获得人民的授权后就合法地享有了代表人民对政府进行监督的权力。这是议会监督权的宪法根据。

（二）具体法律规范条款——议会监督权的直接依据

西方的政体有不同形式，即总统制、议会内阁制、半总统半议会制、委员会制，在不同的政体中，议会的地位和作用存在着差异。但就议会所享有的监督权方面而言，各国议会均享有监督政府的权力，这种权力在各国宪法或宪法性文件中都有明确规定。有些监督权虽没有具体规范条款规定，但可以依惯例、判例或者从法律条文中引申而获得。因此，各国议会在对政府进行监督时都直接依据这些法律规范，或依惯例、习惯而行使。

1. 英国关于议会监督权的法律规范、惯例

英国在资产阶级革命以后，未能像后来发生资产阶级革命的美国和法国那样，制定出一部较系统、完善的成典的宪法，而是分步制定出了几部在宪法形式结构上不够系统完整，在宪法内容上既肯定了资本主义宪法原则又保留了某些封建制度特征的宪法性法律文件。因而，作为标志英国宪法产生的法律文件，就不是一部比较系统、完整的成典的宪法，而是几部不够系统、完整的宪法性法律文件。起初的宪法性法律文件主要有：《人身保护法》（1679）、《权利法案》（1689）、《王位继承法》（1701）。在此之后二百多年间，在制定成文的宪法性法律方面，英国资产阶级未能作出有较大历史影响的建树。但是，进入 20 世纪以后，又陆续制定出了一些重要的成文的宪法性法律，主要有：《议会法》（1911）、《国民参政法》（1918）、《国民参政法》（1928）、《威斯敏斯特条例》（1931）、《人民代表法》（1948）、《议会法》（1949）、《人民代表法》（1969）等。其中涉及议会监督权的法律条款主要有《权利法案》、《王位继承法》、《议会法》（1911 年通过，1949 年修订）。此外，长期政治斗争中形成的惯例也构成其监督权的直接依据。

1689 年，英国国会通过的《权利法案》第一条规定，凡未经议会同

意，以国王权威停止法律或停止法律实施之僭越权力，为非法权力。第二条规定：以国王权威擅自废除法律或法律实施之僭越权力，为非法权力。第四条规定：凡未经议会准许，借口国王特权，为国王而征取，或供国王使用而征取金钱，超出议会准许之时限或方式者，皆为非法。第六条规定：除经议会同意外，平时在本王国征募或维持常备军，皆属违法。上述规定，对国王进行了较严格的限制，增强了议会的权力。1701 年颁布的《王位继承法》第三条规定，非经议会批准而由国王颁布的法律一律无效，对议会众议院提出的弹劾案，国王无权予以赦免。第四条规定，国王和女王"都应依照英国法律的规定管理政务"。这实际上是把国王置于议会之下。1911 年的《议会法》的内容是"规定上议院与下议院关联之职权"，而其实质是通过设法进一步制约和限制议会上议院的权力。第一条规定，下议院通过的财政预算案，于上议院闭会前一个月提交上议院后，如上议院在一个月内未提出修正案且又未通过原案，应直接将下议院所通过的财政预算案，呈送国王核准而成为法律。该条款的规定，某项议案是否属于财政案的范围，由下议院议长裁定。"财政案为下议院议长认为含有关于下列事项之议案：赋税之课订、撤销、豁免、改订或规定，偿还公债或由集中基金内或由国会拨款项内之支付，或此项支付之变更或撤销；支出款项；公款之指拨、提领、保管、签发，或其账目之审核；公债之发行、担保或偿还。与上述各项关连之其他事项。"第二条的主要内容，是就讨论非财政案时，上议院行使延搁权的问题作了规定。该条规定，非财政案的其他议案，经下议院连续三次通过（第一次通过与第三次通过应间隔两年），而在上议院连遭三次否决后，则该案无须再提交上议院表决，可呈请英王签署而成为法律。1949 年议会法改为下议院连续两次通过（两次通过之间隔应为一年以上），而连续两次被上议院否决后，则该议案无须再提交上议院通过，可经国王批准而生效。这实际上意味着上议院失去一切议案的否决权，只有延搁权。对财政案可拖延一个月，对非财政案可拖延一年。上议院权力已经被严重削弱，下议院权力增强。

英国议会的监督权除来自上述宪法性文件之外，还来自宪法惯例，这些惯例主要包括：第一，"国王统而不治"的宪法惯例，即国王是脱离政务的统而不治的虚位君主，行政权由内阁享有。第二，内阁失去信任应辞职的宪法惯例，即内阁由议会下议院多数党组成，若内阁的施政方针得不到议会下议院的支持和信任时，内阁全体成员应集体辞职。

2. 美国有关国会监督权的法律规范

美国国会的监督权从美国宪法条款中可以找到法律依据。宪法第一条第一款规定："本宪法所授予的各项立法权，均属于由参议院和众议院组成的合众国国会。"这是国会享有立法权的原则规定。第一条第八款，列举了国会具有 17 项权力，同时规定，国会有权制定为执行以上各项权力及依本宪法授予合众国政府或政府中任何机关或官员的一切其他权力所必需的适当的法律。国会可通过立法来控制总统及行政机关。就是说，国会不仅在行使宪法赋予其的各项权力时，可制定出行使这些权力所必需的法律，而且对宪法授予政府及总统的各项权力，也有权制定出相应的法律。美国宪法第一条第七款规定：一切征税法案应由众议院提出。第一条第八款规定，国会有权赋课并征收直接税、间接税、进口税与货物税，偿付国债，并计划合众国的国防与公共福利。这就使得国会不仅有征税权，而且对征收的税款有权进行财政分配使用。宪法第十六条修正案规定：国会有课征所得税之权。国会的财政监督权即源于这些条款。

美国宪法第二条第三款规定：总统应随时向国会报告合众国的国情，并以本人认为必要而妥当的议案陈于国会，以备审议。第一条第七款规定，当总统否决了国会通过的议案后，若国会两院以三分之二的多数票，重新通过被总统否决了的议案，则总统的否决就被国会推翻，该项议案由此成立生效。宪法第一条第三款规定：参议院有审讯一切弹劾案的全权。第三条第三款规定：国会有宣告惩罚叛国罪的权力。第二条第二款规定，总统提出拟任的合众国政府官员、最高法院法官名单后，经会参议院批准后，才可加以正式任命，国会参议院可以否决总统提出的拟任人选。第二条第二款规定，总统在代表合众国与外国缔结条约时，要经国会参议院以三分之二的多数票赞同批准后，对外条约才能成立生效。宪法修正案第二十五条规定：遇有副总统职位出缺，总统应提名一名副总统，经国会两院多数票批准后任职。宪法第一条第八款规定，国会有宣战权。

美国国会的监督权正是以上述条款规定为直接依据的，或者是引申而来的。除宪法中有关国会监督权的条款，还有国会制定的其他法律，如1946 年的《国会改革法》，1973 年通过的《战争权力法》、《国会规范法》等也含有国会监督权的规范。

3. 日本国宪法有关国会监督权的规定

日本国宪法第六十七条规定，内阁总理大臣经国会议决在国会议员中提名。第六十九条规定：内阁在众议院通过不信任案或信任案被否决时，如十日内不解散众议院必须总辞职。第七十三条第三款规定：内阁缔结条约，但必须在事前，或根据情况在事后获得国会的承认。第六十二条规定：两议院得各自进行有关国政的调查，并得为此要求证人出席，提供证据及记录。第八十六条规定：内阁必须编制每一会计年度的预算，向国会提出，经其审议通过。第八十七条规定：为补充难以预见之预算不足，得根据国会决议设置预备费，由内阁负责支出，所有预备费之支出，内阁必须于事后取得国会的承认。第九十一条规定：内阁必须定期，至少每年一次，就国家财政状况向国民提出报告。由以上条款可以看出日本国会对内阁有三个方面的制约和监督：首先，国会掌握着内阁首脑的产生权。其次，国会众议院可采用提出对内阁的"不信任案"的方式，迫使内阁总辞职。最后，国会对政府的缔约活动、国政活动，支付财政的情况具有监督权。

其他西方国家的宪法如德国、意大利、法国也都对议会的监督权有明确的规范。这里不再赘述。

三 议会监督权的确立与完善过程——政治斗争与政治实践

从资产阶级思想家的学说中，我们找到了议会监督权的思想理论基础（且不说这些学说的唯心与不科学），从西方主要国家的宪法中我们也列举了议会享有监督权的法律依据。但是，从思想理论的宣传到具体规范制度的形成并不是水到渠成的，不是自然的逻辑结果。资产阶级议会制度的确立，议会监督权的获得是经历了"血与火"的洗礼的结果，是在广大人民群众的支持下，新生资产阶级与以王权为代表的封建地主贵族阶级的专制制度进行艰苦斗争、妥协的结果。同时，当资产阶级议会制度确立之后，议会监督权在政治实践中根据各国的政治、经济、技术等形势的变化而不断发展。

（一）在政治斗争中确立了资产阶级议会权力

从历史上看，无论是英国、法国或是美国等，代表资产阶级利益的议会的权力并非上帝赋予，也非国王赐予和自动转让的，而是资产阶级在广大人民群众支持下通过艰苦的政治斗争，甚至通过战争而获取的。

英国议会制度确立于 1688 年。但早在 9 世纪盎格鲁·撒克逊人统治时期就有议会的雏形，那时叫贤人会议。1066 年威廉征服英格兰后组成大会议作为国王的辅助机关。它由国王委派有封建领主、宫廷大臣及大主教组成。随着封建经济的发展、封建领主势力的壮大，封建领主逐渐利用大会议与国王围绕财政权展开斗争。1215 年《自由大宪章》的制定就是这种斗争的结果。当时英国封建主利用英王约翰当时既受到教皇的处罚，又在对外战争中失利，且国内又面临财政匮乏等多重不利因素的窘迫处境，迫使国王签订的这个法律文件。《自由大宪章》对国王权力作了某些方面的限制，如国王不得擅自下令征税，国王征税要经过由封建主组成的"大会议"的批准。1225 年，大宪章又补充了大会议有权批准新税的权力。1297 年大封建领主以拒绝在对外战争中与国王合作相威胁，迫使国王让步，确立了大会议批准赋税的权力。15 世纪以后，随着资本主义经济的萌芽、发展和壮大，原来封建时期的阶级结构发生变化，出现了新贵族、新兴资产阶级，他们与国王的冲突日趋尖锐起来。这种冲突多是通过议会与国王的冲突表现出来的，而且还伴有血与火的战斗。1685 年议会通过的《权利法案》，1701 年通过的《王位继承法》，都是议会为争取自身的权力进行斗争的结果。通过政治斗争，英国议会至上的地位得以确立，议会监督权力得以不断强化和完善。

美国国会的渊源可以追溯到英殖民地时期。美利坚合众国是由英属十三个殖民地为基础建立的。十三个殖民地的政治制度对联邦政治体制的建立有相当大的影响。在殖民地时期，代表殖民地人民的各殖民地议会与代表英王的总督经常发生矛盾冲突。殖民地总督与殖民地议会之间的斗争是殖民地时期民主运动的风暴中心[1]。

梅里亚姆在《美国政治学说史》一书中很详尽地阐述了这一斗争：

---

[1] ［美］梅里亚姆：《美国政治学说史》，朱曾汶译，商务印书馆 1988 年版，第 19 页。

"在这个斗争过程中，议会经常胜过总督，逐步削弱总督的权力而扩大自己的势力。尤其因为议会控制财政，因此有机会在许多方面指挥或影响总督的活动。议会可以将拨款撤销，使行政当局伤透脑筋，或者议会即使给钱，也可以规定用于专门的明细目的。总督的薪俸是由议会确定的，议会可随意投票表决，从而左右了总督的经济地位——议会不止一次地利用这个优势迫使总督同意议会所赞成的提案。有好多次，总督的人事任命权也被剥夺，由人民的代表接收。""在其他方面议会通过指导公共政策问题而维持权力，这些问题通常都被认为是行政首脑特权的一部分。""至于军事方面，议会往往通过供应给养、规定军事行动、任命军官，甚至干预军事来实行控制。""侵权行为发展到这个地步，以至在 1757 年，马萨诸塞的情况可以说是行政和立法的几乎每一议案，无论政治、司法或军事，都由议会议决，而且大多数由众议院提出。这种冲突有助于发扬到处都已准备好采取行动的民主精神。"① 历时八年的独立战争后，十三个殖民地独立并依据《邦联条例》自愿结为一体。从 1776 年开始到 1784 年，十三个州都分别制定了自己的宪法。各州的宪法中，都给予立法机关较大的权力，其地位高于行政机关。"到处都表现出对州行政首脑极不放心，对他的任期和特权施加许多限制。""可以明显地看出主要地位是由立法机关掌握的。"② 这是因为，"对英国国王和皇家总督的强烈厌恶导致了对一般行政当局的反感，结果就使政府三个并列部门中的一个即立法部门占优势"③。"在殖民地时代漫长和尖锐的斗争中，美国人学会了信任和信赖立法机关，同时怀疑行政机关并与之对抗。因此，他们把行政机关的权力减少到最低程度，并把这种对于成立政府所必不可少的权力委托给立法机关。"④ 各州的宪法是资产阶级革命思想学说和殖民地人民斗争的结果。立法机关之所以能确立较高的地位，获得较大的权力，也同样是努力的结果。1787 年制宪会议制定后来经各州批准的美利坚合众国宪法中有关国会参议院、众议院对政府监督权力的条款，有的在各州宪法中可找到相似的规定，有的条款的制定是出于对政府权力制约、防止权力滥用的考虑。

---

① 〔美〕梅里亚姆：《美国政治学说史》，朱曾汶译，商务印书馆 1988 年版，第 19 页。

② 同上书，第 43 页。

③ 同上。

④ 同上。

在制定宪法时，代表不同思想、集团利益的各方也进行了辩论、妥协和斗争。

法国议会不像英国那样，直接起源于中世纪的等级议会，而是1789年大革命的产物，但它同法国中世纪存在的三级会议有一定的联系，作为近代法国议会开端的国民议会就是在1789年最后一次三级会议期间宣告成立的。法国的三级会议开始于加佩王朝的菲利普（1285—1314）在位时期，那时，菲利普四世为对付教皇，通过他的税收政策，决定于1302年召开有僧侣、贵族和城市富裕市民参加的参政代表会议，三级会议由此得名。此后，三级会议不定期召开。1308年，召开第二次三级会议，取消圣殿骑士团，没收其财产，以解决财政问题。1314年，为征取献纳金以支持对佛兰德尔的战争，再次召开三级会议。1317年、1328年，为排除女系作为王位继承人，又召开过三级会议。百年战争期间（1337—1453），三级会议起过重要的政治作用。百年战争结束后，三级会议很少召开，甚至长期不召开。从路易十一至亨利三世的90年间（1468—1558），三级会议只开过6次（1468年、1484年、1491年、1498年、1506年、1558年）。胡格诺战争期间（1562—1598），三级会议再次恢复。波旁王朝时期，王权不断加强，路易十四（1643—1715）时期，绝对君主专制发展到了顶点，三级会议又长期停开，除1614年召开过一次外，至1789年的175年间一直没有开过。在法国存在近5个世纪之久的三级会议，有着同英国中世纪的等级议会不同的性质和特点。它不是立法机关，只是咨询机构；只应国王要求召开，只顺从国王；它没有固定的会期；它没有形成英国式的上下两院；它不具备英国的议会的性质，法国的三级会议一直没有能够限制王权。到了法国大革命前期，随着资产阶级的政治和经济实力迅速壮大，在法国社会政治经济生活中的作用逐渐壮大，第三等级，即新兴资产阶级，才与其他两个等级的力量对比发生变化。因此，当波旁王朝的封建统治发生深刻的政治、经济和社会危机的情况下召开三级会议的时候，第三等级的代表便利用这一时机把斗争矛头指向封建专制和特权，提出了实行会议改革，制定宪法，限制王权，取消等级特权等要求。以国王为首的法国封建势力不愿意对第三等级的要求作出让步，于是双方进行了尖锐激烈的斗争。1789年5月6日，三级会议召开的第二天，第三等级代表决定自称"众议院代表"，6月17日，众议院以491

票对 89 票通过成立国民议会的决议。法国资产阶级第一个议会就这样诞生了。此后，国民议会与国王展开了坚决斗争。国王曾试图以武力解散国民议会，国民议会代表没有屈服，继续开会。国民议会的勇敢举动，使国王威风扫地。后来，国王命令军队包围凡尔赛，准备武力镇压之。国民议会自行改称制宪议会，决心制定宪法。在人民群众革命行动的推动下，制宪会议存在了两年多，采取了一系列推进革命发展和建立资产阶级国家政权的法律措施。1791 年 9 月 3 日，议会最后通过法国的第一部资产阶级宪法。9 月 30 日，制宪议会闭幕，让位于根据宪法产生的立法议会，1791 年 10 月 1 日，法国第一个正式的议会成立。后来，法国议会制度经历了长期而反复的演变，直到 1875 年才最终确定下来。

从英国、美国、法国三国议会产生的历史轨迹中我们可以得出这样的结论：资产阶级在广大人民群众的支持下，经过了血与火的革命斗争，终于争得了政治上的统治地位。在英国，确立了君主立宪制度，议会享有了对国王（后为内阁）的合法的监督权。在美国，确立了分权制衡的政治体制，参众两院享有监督与制约总统的一系列权力。

（二）通过政治实践不断完善议会监督权

英国、美国、法国等西方主要资本主义国家政权建立之后，议会的监督权在宪法或宪法性文件中都加以规定。这些规定以及传统习惯适应了当时的政治经济背景。但是，随着客观环境和主观条件的变化，议会监督权也为适应环境的变化而不断发展、变化和完善。这种变化、发展与完善与议会本身自觉地进行改革，主动积极地维护议会监督权是分不开的。也就是说，既然宪法已赋予了议会监督权，那么作为监督主体的议会都比较重视这一权力，在政治实践中力求在法律限度内积极地行使这一合法权力，以便履行法律赋予的责任，完成选民的委托。

英国资产阶级革命后建立了立宪君主制，确立了议会至上的资产阶级宪法原则，但握有国家最高权力的议会并不直接处理各项行政事务，最高行政事务的处理权最初由国王领导下的枢密院行使，议会的监督权就是针对国王行使的。后来，枢密院演变成内阁，国王逐步成为统而不治的虚君，1717 年议会作出决定，国王无须出席内阁会议。这样，议会的监督对象就从国王转移到了内阁。随着政党制度的形成，以及政党对议会控制局面的形成，形成了内阁由议会下议院多数党组成的宪法惯例。1742 年，长期以来一直控制着议会下议院多数议席的辉格党发生内讧，辉格党议员中不少议员对内阁首相罗伯特·沃波尔的执政方针不满。在野党议员借此机会，提出了要求罗伯特·沃波尔首相及内阁集体辞职的议案。结果罗伯特·沃波尔及全体内阁大臣集体辞职，从此形成了内阁失去信任应辞职的惯例。在以后的 100 多年中议会实实在在地拥有对政府内阁的控制权，"1832 至 1867 年，曾有 10 届政府因议会不支持而不得不辞职。"① 19 世纪中叶以后，内阁权力上升，议会权力下降，议会对内阁政府的监督权力减小了。这种状况持续到了 20 世纪 70 年代。为了加强下议院自身的地位，恢复对政府的监督、控制和影响，下议院在 70 年代进行了若干重大改革。早在 60 年代，英国曾出现过几种改革派：一种是内部改革派，主张实行有限的办法，在下院内部进行更多程序性的改革；另一种主张进行选举制度改革，采用比例代表制，改组政府和下院的结构，使经济政策有更大的稳定性；再一种主张是用成文的、牢固的权利法案来限制政府过大的权力，但并未有明显的结果。70 年代改革的呼声又起，"在 1974—1979 年间，要求采用'权利法案'的呼声达到了顶点，许多学者、法律界人士，以及政治家也都极力支持"②。1978 年，下院的程序委员会声称，必须建立起一种新的平衡。这一观点得到了下院的积极响应，于是，导致下院在 70 年代以及随后 10 年中，其结构和程序都有一定的变革。最有意义的改革是建立了新的与政府部门有联系的部门委员会、特殊常设委员会、下院委员会、政府账目委员会、国家审计局、预算日、反对党日等。根据 1978 年的下院管理法和 1983 年的国家审计法，分别建立了下院委员会、政府账目委员会、国家审计局等，下院委员会的建立旨在下院内部的管理上取得一定程度的独立，取消政府试图把下院的开支直接置于财政部的控制之下，从而建立起下院财政上的独立，以及政治上和司法上的独立。根据 1983 年的国家审计法建立了国家审计局，它是一个法定机构，负责审查尤其是政府各部门和其他公共机构的账目，以及在利用资源上的经济效率和效益，该局的目的在于不仅要使政府开支置于该局有效的审计之下，

---

① ［英］约翰·格林伍德等：《英国行政管理》，商务印书馆 1991 年版，第 248 页。

② 胡康大：《英国的政治制度》，社会科学文献出版社 1993 年版，第 25—26 页。

而且这种审计工作可以由一个独立于政府的机构来执行，并受下院保护，最终向下院负责。1983 年的国家审计法在一定程度上维护了下院在税收和开支上的权力和责任的历史传统。政府账目委员会也是一个法定机构，并向下院负责。它有权任命国家审计局清理账目的高级职员，并负责审查国家审计局每年的预算。该委员会作为国家审计局的保护者，保证它独立于政府。近几十年中，随着政府规模的扩大和复杂性的增强，议会进行检查和纠正的传统程序变得越来越不适用了。因此，已有一些重要的新程序出现。第一，除了传统的纠正手段外，又建立了监察专员制度。1967 年议会通过议会特派专员条例，建立了议会行政监察专员制度。第二，建立了全面的专门（特别）委员会制度，使监督作用增强了。1979 年 6 月，下议院以 248 票对 12 票先后批准任命 14 个与政府各部门相应的专门委员会，负责对相应的政府部门进行监督。70 年代，后座议员越来越不满于议会对政府费用的拨款进行讨论和投票表决的程序，在专门委员会的报告中同样有所反映。1980 年，下院任命了一个程序委员会来重新考虑下院对政府费用拨款的投票表决程序。经过广泛调查，它于 1981 年 7 月发表一份调查报告，建议将原来用作正式考虑政府拨款的时间改为 8 天。1982 年 7 月，经过辩论，下院确定三天为讨论预算日，并由联邦委员会选择要辩论的预算项目。从 1983—1984 年起实施。这一预算日的建立，虽未解决使政府的预算置于下院有效的综合调查之内，但是，与部门委员会联合起来，却给下院提供了一个少有的机会来辩论和投票表决公共开支的某一特殊的预算细节，同时使下议院掌握了对政府预算实行某种形式的监督。早在 19 世纪末，下院对政府预算的辩论就采用对政府政策辩论的形式，而不是针对预算本身，20 世纪以来，29 个拨款日已有效地控制在反对党手里。战后以来，拨款日更被看作是反对党利用下院的时间，在此时间内，反对党可以挑选任何问题进行辩论。1981 年执行委员会提出把反对党日减为 19 个。1982 年 7 月，下院通过了程序委员会的这一建议，并增加一天，共为 20 天，其中 17 天由下院中第一大反对党控制，选择辩论的问题不限。其余三天由下院中的第二大反对党利用。这样，第二大反对党也分享到了一点过去从未有过的权力，尽管时间很短。上述改革，虽然没有从根本上改变议会与政府的权力平衡状况，但在一定程度上议会监督权有所增强和完善。

　　美国国会的监督权在合众国的宪法中有明确规定，但从今天美国国会所享有的监督权的范围、实施方式、手段等方面来看，它是不断趋于完善的。在国会与总统的权力关系中，也不断发生争斗，美国国会两院都较重视自己权力的行使，总是通过改革，力图在与总统的权力斗争中占上风，在监督权方面更是如此。就国会调查权而言，1787年宪法并没有赋予国会调查权。但是，"唯因早在殖民地时代，既已模仿英国制度，承认国会有国政调查权，故联邦宪法虽未设规定，论政者仍认为此乃国会当然应有之权力"①。1792年3月，众议院首先否决了一项要求华盛顿总统调查上一年克莱尔上校兵败印第安人事件的决议，接着通过另一项决议，建立一个特别委员会来调查克莱尔失败的原因。从此，确立了国会的调查权。但最初实施调查活动的多是特别委员会和两院联合委员会，从19世纪后期起，常设委员会逐渐成为国会实施监督和调查活动的主力。为保证国会调查权的实施，国会有举行听证会、传讯证人、索取证词以及其他所需要的权力。1857年国会还通过制定法律，惩罚犯藐视国会罪者，以确保听证会的严肃性和有效性。建国初期，行政部门规模较小，职能较小，国会对政府行政部门的监督调查还是不废多大力气的。随着政府规模的扩大，机构的增多，以及职能的增加，事务的增多，国会监督政府的任务就必然增加，于是，国会对政府实施的监督调查活动形式为适应这一变化也进行了调整。首先，建立了全院大会、各常设委员会和小组委员会的监督体制，使得行政部门都有相应的国会机构对之监督。其次，建立了国会外围的监督机构，增加了国会监督政府的技术上的力量，如：国会研究部，国会预算局，国会技术评估局，国会审计总署。此外，国会还拥有一支力量为它监督政府，这就是驻各个行政部门的监察长。1978年，国会通过《监察长法》，改建驻行政部门的监督队伍，到1988年，已在25个部局（署）设立了50多个监察办公室。最后，国会一直通过制定并实施一系列监督法，承担起监督政府的宪政职责。1946年国会改革法首次宣布，监督政府是国会的职责。该法规定："为了帮助国会评价法律的实施，帮助国会拟订必要的修正案的相应法律，参议院、众议院的各个常设委员会应对行政机构执行各委员会职责范围之中的任何法律的情况进行经常性监督；为

---

　　① 林纪东：《比较宪法》，五南图书出版公司1980年版，第388页。

此目的，应对政府行政部门各机构提交的一切有关的报告和材料予以研究。"① 1970 年，国会改革法将 1946 年法规定的经常性监督修改为"检查和研究"，该法规定为各委员会配备更多助理，协助委员会的监督工作；该法还要求各委员会在每届国会届满闭会之前向全院大会提交一份监督报告，该法规定，国会研究部应向两院委员会提供专家，帮助委员会评价立法提案，国会研究部还应在每届国会开幕之际，向各委员会提交一份该委员会所管范围内即将到期作废的法律名单，以提醒委员会检查法律的执行情况和效果。1974 年预算和扣款法进一步增强了国会的监督权力。该法授权两院各委员会要求所管的行政部门提交自己的项目评估报告，规定总统手下的管理预算局和财政部须随时向国会审计总署、国会预算局提交所需的审计材料，该法还指示国会审计总署建立一个"项目检查评估处"向国会建议检查和评估联邦项目的方法。1979 年为确保国会审计总署向行政部门索取材料的权力，国会通过法律授权国会审计总署发出传票，并可向联邦法院起诉拒不服从的行政机构和官员。此外，参众两院还依据上述法律，相应地制定了本院关于监督工作的议事规则，建立监督体制，规定监督方法，以适应对现代政府监督的要求。在财政监督方面，19 世纪上半叶国会实际监督政府财政的效力还很差，政府部门时常多用、挪用拨款，在账目上蒙骗国会。19 世纪晚期起，国会对政府财政的监督步步拧紧。两院先后建立了两步程序的拨款机制，增强了国会的财政监督能力，普遍实行分项拨款使各委员会更容易考察政府各部门使用拨款情况，后来于 1921 年设立审计总署，国会获得了财会专家的协助。此外，在其他方面，国会也力图不断加强自己的监督能力，如在军事、战争权、外交方面都在寻找使行政部门接受控制的方法。

从英、美议会监督权发展完善的过程可以看出，议会作为一个权力部门，都在力图寻找机会积极增加、增强自己的权力。其他西方国家议会如日本、意大利、法国、德国也大致如此。

---

① Bernard Rosen, *Holding Government Bureauracies Accountable*, Praeger Publisher, 1982, p. 54.

四　议会监督权的根基——经济利益

资产阶级政治学说为议会监督权提供了理论基础，法律规范明确了这一权力，通过政治实践不断增强、完善了议会监督权。那么，议会监督权的最根本来源是什么呢？我认为，议会监督权的根本来源是经济利益，也就是说，资本主义经济发展的需要。恩格斯指出："政治辞句和法律辞句正象政治行动及其结果一样，倒是从物质动因产生的。"① 按照马克思主义历史唯物主义观点：政治的根源是经济。政治关系不是脱离经济而孤立存在的，它归根结底是由经济关系决定的。经济基础决定上层建筑，任何时期的政治制度都是由该时期的社会经济关系决定的，而非由人们的主观意愿和自主选择决定的。马克思指出："任何时候，我们总是要在生产条件的所有者同直接生产者的直接关系——这种关系的任何形式都是自然地同劳动方式和劳动社会生产力的一定的发展阶段相适应——当中，为整个社会结构，从而也为主权和依附关系的政治形式，总之，为当时的独特的国体形式，找出最深的秘密，找出隐蔽的基础。"② 在阶级社会，任何阶级的政治统治都是为实现本阶级利益服务的，在这种阶级利益中，经济利益是首要的、带有根本性的。因此，统治阶级采取何种政治统治方式，是由经济利益决定的。马克思主义经典作家明确指出："法律应该是社会共同的、由一定物质生产方式所产生的利益和需要的表现，而不是单个人的个人恣意横行。"③ 也就是说，在这里，经济利益决定政治法律制度。首先，经济利益决定民主制的选择。列宁认为，资本主义之所以选择了民主共和，不仅因为这种政体能有效地对付人民，而且因为这种政体不会影响资本家利润，是资本家进行稳固统治的最好的政治外壳。列宁指出："用民主共和政体代替君主政体，丝毫也不会触犯资本主义剥削制度的经济本质，相反地，只要把保护神圣不可侵犯的资本主义利润的斗争方式加以改变，就可以同样顺利地在民主共和制下保持这种利润，正如君主专制下一

---

① 《马克思恩格斯选集》第 2 卷，人民出版社 1972 年版，第 118 页。
② 《马克思恩格斯全集》第 25 卷，人民出版社 1995 年版，第 891—892 页。
③ 《马克思恩格斯全集》第 6 卷，人民出版社 1961 年版，第 292 页。

样。"① 其次，经济利益决定民主制形式的选择。恩格斯在分析英国资产阶级革命后的政体时指出：英国资产阶级之所以在当时以君主立宪政体为满足，很大程度上是出于他们自身经济利益的考虑。1689 年的妥协所达成的协议是，"'俸禄和官职'这些政治上的战利品留给了大地主家庭，其条件是充分照顾金融的、工业的和商业的中等阶级的经济利益。而这些经济利益，在当时已经强大到足以决定国家一般政策了"②。这表明，民主政治制度形式的选择背后也是由经济利益决定的。由此，我们可以推论，议会监督权属于政治上层建筑的组成部分，因此，这一权力的根基源于经济利益。

议会监督权的根基源于资产阶级的经济利益的观点还可以通过以下事实加以证明。在议会监督权中最根本最重要的是财政监督权，而财政监督权最直接的表现就是对政府（国王）征税权的监督和控制，还表现为对政府（国王）开支的监督和控制。这些都直接关系资本家经济利益。资产阶级是在封建制度的解体中产生、发展起来的，自其产生的那一刻起，它就十分关注自己的经济利益并积极参与政治，以期通过经济的和政治的手段保护其经济利益。《共产党宣言》中指出："现代资产阶级本身是一个长期发展过程的产物，是生产方式和交换方式的一系列变革的产物。资产阶级的这种发展的每一个阶段，都有相应的政治上的成就伴随着。它在封建领主统治下是被压迫的等级，在公社里是武装的和自治的团体，在一些地方组成独立的城市共和国，在另一些地方组成君主国中的纳税的第三等级；后来，在工场手工业时期，它是等级制君主国或专制君主国中同贵族统治抗衡的势力，甚至是大君主国的主要基础。"③ 在封建政治统治下，资产阶级虽是被压迫阶级，但随着其经济势力的壮大，资产阶级为了保护自身的利益不受封建统治者的侵害，积极展开与封建国王的斗争，或通过各种政治方式或通过武力斗争来维护其经济利益。封建制下的议会之所以具有财政监督权正是这种斗争的结果。正如在前一章节所论述的那样，在英国，封建制时期就有封建议会的存在，资产阶级通过其议会中的代表保

① 《列宁选集》第 3 卷，人民出版社 1972 年版，第 132 页。
② 《马克思恩格斯选集》第 3 卷，人民出版社 1972 年版，第 393 页。
③ 《马克思恩格斯选集》第 1 卷，人民出版社 1972 年版，第 252—253 页。

护资产阶级的经济利益。比如审查和批准国王提出的征税方案和税额，监督国王的财政开支，制定有利于发展资本主义经济的法律等，在利用议会与国王斗争过程中，资产阶级由于其经济势力的壮大，在议会中逐渐占据优势，于是议会对国王的监督权主要是通过新兴资产阶级的代表行使的，其监督权行使的目的在于保护资产阶级的经济利益。在美国独立战争之前的殖民地时期，殖民地总督与殖民地立法议会之间的斗争是这一时期民主运动的中心。"在这个斗争过程中议会经常胜过总督，逐步削弱总督的权力而扩大自己的权力。尤其因为议会控制财政，因此，有机会在许多方面指挥或影响总督的活动。议会可将拨款撤销，使行政当局伤透脑筋，或者议会即使给钱，也可以规定用于专门的明细目的。"① 这种斗争有助于殖民地民主化进程，是符合资产阶级经济利益和政治利益的。资产阶级革命胜利后，资产阶级建立了自己的政权，正如马克思和恩格斯所指出的：当封建的所有制关系不再适应发展的生产力，"这种关系已经在阻碍生产而不是促进生产了。它变成了束缚生产的桎梏。它必须被炸毁，它已经被炸毁了"② "起而代之的是自由竞争以及与自由竞争相适应的社会制度和政治制度、资产阶级的经济统治和政治统治。"③ 资产阶级所建立的政权在本质上 "不过是管理整个资产阶级的共同事务的委员会罢了"④。

作为整个资产阶级的共同事务的管理委员会的资产阶级政权，是建立在资本主义经济基础之上的，因而它必然服务于这一基础。"基础创立上层建筑，就是要上层建筑为它服务，要上层建筑积极帮助它形成和巩固，要上层建筑为消灭已经过时的旧基础及其旧上层建筑而积极斗争。"⑤ 资产阶级议会制度作为资本主义政治制度的重要组成部分，也是由经济基础决定并服务于经济基础的。议会制度中议会监督权的确立与完善，同样是为资产阶级经济利益服务的。议会监督直接作用有两个：一是防止政府滥用权力，防止专制，使政府行为符合所谓的"民意"；二是控制政府财政开支，防止政府随意开支、浪费。第一个作用的核心是保障公民自由，不

---

① ［美］梅里亚姆：《美国政治学说史》，朱曾汶译，商务印书馆1988年版，第19页。
② 《马克思恩格斯选集》第1卷，人民出版社1995年版，第277页。
③ 同上。
④ 同上书，第274页。
⑤ 《斯大林选集》下卷，人民出版社1979年版，第502页。

受专制或独裁或暴君或不良行政的侵害。第二个作用实际上就是议会代替纳税人即资本家掌管钱袋，也就是保障资本家的财产权不受非法侵犯，不被非法剥夺。自由和保证财产权是资产阶级最根本的利益。因为"资本主义生存和统治的根本条件，是财富在私人手里的积累，是资本的形成和增殖；资本的生存条件是雇用劳动。雇用劳动完全是建立在工人的自相竞争之上的"①。也就是说，资产阶级所要求的是经济上的自由竞争，政治上的民主、平等，所反对的是封建等级制度，封建堡垒，君主专制和独裁。议会监督权适应了资产阶级在经济上和政治上的要求，通过议会监督，能够实行权力制约，防止专断、专权，能够保护资产阶级的根本经济利益。

---

① 《马克思恩格斯选集》第 1 卷，人民出版社 1972 年版，第 263 页。

第二章

西方议会监督权

关于议会监督权的内容，学术界有分歧，从狭义上讲，它仅指议会对政府的一般政务监督，多属于事中事后监督；从广义上讲，它是指议会作为权力机关对政府及行政系统的制约、监视和控制，包括事前、事中和事后监督。也正因为如此，大部分学者在著作中都把议会监督权与立法权、财政权并列。笔者认为，这种观点有不妥之处，从广义上讲，监督既然是议会对政府机关的制约、监视与控制，那么，这种功能在立法过程中，在审议财政预算、决算方面都有体现，因此，议会监督权的内容应该包括立法监督权和财政监督权以及一般政务监督权。

立法权是议会的传统权力之一，也是议会的最重要的职权。立法权行使的目的在于通过制定各种法律规范，通过各种决议案，来规范社会组织和公众的行为，以利于社会在"秩序"的范围内发展。由此可见，立法权的行使对于政府也同样具有监督作用。许多西方议会常常运用立法权来监督政府。这就是立法监督权。其方法是，通过某项立法案，规范政府行为；通过一些决议案，纠正政府不法行为；应用立法迫使政府及行政系统依法行政、提高效率；通过立法对行政机构及人事进行监督，等等。议会的立法监督主要体现为事前监督和事后监督，其权力的行使较其他监督权更为复杂。财政监督权又称"管钱袋权"，这是议会固有的权力，也是议会最重要的权力，财政监督权的大小是判定议会对政府监督权大小的重要尺度。公民是通过民意机关来监督政府的，因此，议会作为民意机关必然享有监督政府的权力，财政监督是其中的一项重要内容。英国思想家洛克在《政府论》中曾指出，政府没有巨大的经费就不能维持，凡享受保护的人都应该从他们的产业中支出他的一份来维持政府。但是仍需得到他自已的同意。即由他们自己或他们所选出的代表所表示的大多数的同意。因为如果任何人凭着自己的权势，主张有权向人民征得赋税而无需取得人民的那种同意，他就侵犯了有关财产权的基本规定，破坏了政府的目的。麦迪逊称钱袋权是任何宪法给人民的直接代表所能装备的最完整、最有效的武器，用以纠正每项冤屈，用以贯彻每项正确和有益的法律。可以说，议会财政监督权与现代议会几乎同时诞生的。当代各国议会尤其是总统制国家把这一权力视为控制政府的有力工具。一般政务监督权是各国议会对政府及行政系统日常工作的监督。这种监督具有广泛性、专业性、长期性的特点。广泛性是指监督对象和监督领域十分广泛，专业性是指许多监督涉及专业技术问题，需要专家帮助，长期性是指这种监督是日常性的，长期存在的。当代西方议会对政府及行政系统的一般政务监督越来越重视，通常都是通过常设委员会、小组委员会以及辅助机构来履行这一职责。

由于西方各国政体不同，即使是实行相同的政体，由于各国的国情不同、历史习惯各异，具体的法律制度也有差异，各国议会监督权无论在内容上，还是在具体行使程序、具体手段上都有较大的差别。因此，为了能够详尽地了解西方议会监督制度，这里选择英国、日本、法国、美国四个国家，分别对其议会监督权的内容进行论述。

一 英国议会的监督权

英国是西方议会制度的发源地。资产阶级革命后的英国议会，一度成为英国政治权力的中心，"议会至上"，"议会决定英国的政治生活"，但随着19世纪中叶以后内阁权力的不断扩大，议会地位受到削弱。但是，英国议会在监督政府方面仍然发挥着积极作用。英国的下议院是议会的权力中心，它对政府的监督概括起来主要包括如下几方面：通过立法来制约政府；对政府财政进行监督；对首相或大臣提出质询；对政府的政策进行辩论；对政府提出不信任案；设立议会行政监察专员对政府行政系统进行监督。这里我们分述如下：

（一）通过立法来制约政府和对委任立法进行监控
现代国家是法治国家，政府依法行政是英国法制的基本理念。政府活动的法律根据，是由议会制定的。英国在最初确立资本主义议会制度的《权利法案》中就作出规定，立法要经过议会，立法权属于议会。起初，下议院对绝大部分立法案具有创议权，但20世纪以来，立法创议案由政府直接提出的比例越来越大。英国宪法学家詹姆斯指出："英国议会制度的特点：所有重要的议案，以及大部分实际通过的其他议案，都是由政府提出的。"[①] 政府提出的法案在形式上要在下议院经过"三读"通过后，提交上议院通过。但有时政府立法议案也有可能或被否决或被修改，或进行辩论，在一定程度上限制了政府的权力。此外，政府除向议会提出法案，还可以进行委任立法，即根据议会授权制定法规、条例等。19世纪末，英国的委任立法数量猛增，如：1890年委任立法数量17件，1894—1913年达12380件。[②] 政府委任立法权的增加，直接影响下议院的立法地位和权力，动摇了议会至上的原则。鉴于此，英国下议院采取了一定的监控手段，主要有：（1）1944年成立了一个专门委员会，1946以后称为法令性文件审查委员会，它有权考虑提交给下议院审查的各种法令性规定或命令，有权对任何法令性文件在运用委托立法权方面的异常或者出乎意料的情况给予关注。（2）对委任立法权的程序监控。英国于1946年颁布了《立法文件制定法》，对委任立法权实施程序上的监控。该法对委任立法的制定、批准、公布和施行等各项程序，做了具体而明确的规定。（3）1973年根据两院联合调查委任立法的报告，两院共同设立了一个法定条规联合委员会，专门审查提交议会的各项行政法规和行政管理法规草案，财政方面的法规由联合委员会中下议院委员单独审查。（4）1973年成立了一个常设的法令性文件审查委员会，即评价委员会，负责考虑法令性文件的价值。

（二）对政府的财政监督

议会对财政的监督，最初开始于英国。1688年"光荣革命"后，国王的权力受到当时议会的限制，英国议会在1689年通过的《权利法案》和1701年通过的《王位继承法》，规定议会至上，确认"不出代议士不

---

① ［英］埃弗尔·詹宁斯：《英国议会》，商务印书馆1959年版，第6—7页。
② 李林：《立法机关比较研究》，人民日报出版社1991年版，第279页。

纳税"、"国王征税案得国会同意"等原则,1866年的《财政部与审计部法》又确定"政府的各种支出必须议会通过拨款法,方能动支出款"的原则。

英国下议院财政监督的内容,最主要的是对政府预算和决算的监督。根据1913年《议会法》规定,议会的财政权属于下议院,上议院无权否决下议院通过的财政案(只能将其延搁一个月实施)。为适应下议院行使财政权的需要,下议院设有审计长和审计委员会,专门负责有关财政问题议案。

英国的财政年度是每年的4月1日至次年3月31日,议会下议院在每个财政年度内,通常要通过四项财政案。每年7月底前通过岁入法案;通过拨款法案,该法案须经支出专门委员会审议,一般在夏季通过;通过预算书和税收建议案;通过决算案,每一财政年度结束后,内阁各部必须向议会审计长提交决算书,审计长汇总情况后,向决算委员会提出决算案,交下议院讨论后通过。

英国议会审议预算,都是在委员会中进行的。由于预算人人关心,每一个议员都参加审议,故称全院委员会(Committee of the Whole House)。以前全院委员会审议支出预算时,称"供应委员会",审议收入预算时,称"筹款委员会"(Committee on Ways and Means)。从1965—1966年间的程序选任委员会报告主张废除这种形式以来,这两个名义不同的委员会就不存在了,而由全院委员会对预算的大纲、特性及政府支出的控制,作政策性的辩论,通常不涉及预算的细节,但如议员希望而且时间有余,也可论及细节。辩论的题目,由反对党提出,共可辩论29日(80年代后改为19日)。至于预算细节,则由下议院的预算委员会(The Estimates Committee)加以处理。预算委员会设置于1912年,1960年改为选任委员会,其任务是检查预算,研究其如何经济地执行,及其与过去预算不同的经济含义。由于支出预算的笔数甚多,该委员会通常分成许多小组,进行调查研究。其调查研究,对当年预算不产生影响,但其建议对于未来的预算会引起改革,或者能增强财政部的财政监督作用。自1979年,下议院成立14个委员会,分别负责监督某个部门后,下议院对于预算案进行辩论的传统程序之外,又增加了新的程序,即下议院各个部门委员会的讨论程序,每个委员会都能考虑归它监督的部门的经费问题。此外,1982年以后,每次会议都要用三天的时间讨论预算问题,讨论的题目由联络委员会与各个专门委员会商定，这在一定程度上加强了下议院的财政监督权。

为了保证政府部门依法执行预算案，合法合理地支出拨款，1861 年下议院设立了公共账目委员会，它是根据委任条例设立的，这个委任于1862 年规定在议事规程中，其任务是"审查表明议会所给予的用来偿付公共支出的拨款数额的账目，以及其他送呈议会而委员会认为适于审查的账目"①。1866 年依据《国库与审计部法》设计了监察与审计长，它有两个任务，它是"国王陛下的国库收入与支出的监察长"，也是"公共账目的审计长"，它负责审校所有各部门账目，编出"拨款账目"，并将其呈送议会②。要监督各部有无违法开支，近年来也开始注意浪费及其他不当开支上面。1983 年下议院通过了《国家审计法》，授权审计长"检查各部门的开支是否经济、合算和有效，并且有权查看某些部门的账册"。"但是，尽管为了监督财政采取了一系列措施方法，议会控制财政的办法的严重缺陷仍然存在"③。

（三）对首相或大臣提出质询

质询是议会内阁制国家采取的监督形式。英国是世界上最早实行质询的国家，今天已经形成了一个有规则、有程序、比较完善的质询制度。

英国下议院议员向政府质询从 18 世纪开始，"第一个正式的质询似乎是1721 年提出的，但直到 1832 年这个惯例并没有得到重大发展。第一个质询出现在议事日程单上是 1835 年；在 1869 年以前，议事日程单上并未列出特别一部分来刊载提出的质询。在 1886 年以前，所有的质询都是口头提出的；但自 1886 年的决议——这个决议已纳入 1888 年的议事规则中——以后，质询的提出只要议员就自己的座位站起来，并朗诵他的质询的号数"。④ 随着议员质询数的增加，下议院后来逐渐制定一些规则限制质询案的提出数，规定答复质询案的办法等。1906 年下议院限制质询时间为每星期一至星期四，在院会开会后，二时三十五分到三时三十分。质询案包括当时发生直接与政府有关，或有间接责任，全国性或地方性的事

---

① ［英］埃弗尔·詹宁斯：《英国议会》，商务印书馆 1959 年版，第 347 页。
② 同上书，第 338 页。
③ ［英］约翰·格林伍德等：《英国行政管理》，商务印书馆 1991 年版，第 247 页。
④ ［英］埃弗尔·詹宁斯：《英国议会》，商务印书馆 1959 年版，第 118 页。

务，题材范围每天不同。"有时候政府首长在答复质询时，一不经意暴露出许多难堪丑事，就成为极吸引人的重要新闻。"① 每名议员在院会期内任何一天，可提出要求政府首长口头答复质询案两起，但两者不能向同一首长提出。议员可将要质询的问题，写在纸条上，签名后，交给议会书记官（或邮寄）。如有议员副署，则也要签名，并注明希望大臣于何日答复。在质询案上注明一星星记号，表示要口头答复。如不必口头答复，可以书面答复，则注明一 W 字母。所有质询案，至少须在答复前两天送交书记官。如在星期一递交，则星期三的议事日程中会刊登出来当天的质询案，由大臣按照先后次序口头答复。如质询案数目多或部长口头答复冗长，到三时三十分不能将刊登的质询案口头全部答复，则均改为书面答复，连同已口头答复的，一并刊载于议会记录中。书面答复质询案，每天约有一二百起，议员并未要求在指定日期答复者，多由有关部会尽快在工作日之后答复。

政府大臣在口头答复某一议员提出的某一个质询案时，议长得准许该议员在大臣答复中，再提一"补充质询"（Supplementary Questions），此时议会进入刺激与兴奋高潮，因为质询案表面上是要从大臣答复中获得所需情报，但也可作其他用途，如揭发政府滥用职权、徇情枉法、敲诈勒索等非法行为，致政府于难堪境地。因为大臣答复正式质询案，资料内容是事前收集准备好的，几乎无懈可击，但补充质询，则突如其来，无法准备，须凭大臣的机智才能应付自如。但有时发生困难时，议长会出来帮忙。除议员口头或书面质询外，另有一私人通知质询（Private Notice Question）。这种质询多半有紧急性与国家发生重大变故，或与下议院院务有密切关系，如发生大灾，公民死伤太多，要政府立即采取措施救济，或英国公民在海外因战争有生命危险时等，议员可在当天上午将质询案给议长，后者有权决定接受与否。如接受，即由有关大臣在质询时间后口头答复。"这种质询每年约有三十余起。"②

每星期二及星期四下午三时十五分到三十五分，为首相答复质询时间，反对党党魁即利用此机会猛烈攻击政府政策错误、行政失当等，这时

① 陈志尧：《英国国会》，（中国台湾）商务印书馆 1986 年版，第 98 页。
② 同上书，第 100 页。

刻最为新闻记者及旁听人员所欣赏。

议会的质询权的行使，现在越来越显得重要，因为下议院现有的立法权、财政监督权、弹劾权等已徒具形式，所以，菲利浦斯（O. Hood Philips）在其所著的《英国宪法》中指出："在于现时，质询权已成英国议会，用以监督政府一项首居重要之权，非虚言也。"①

（四）对政府政策进行辩论

这种辩论在答复国王的议会开幕词和讨论国家预算案时必须进行。除此之外，则要得到政府的同意。辩论不同于质询，质询不能直接转为辩论。要对某一问题在质询之后进行辩论，得提出休会动议，休会动议被通过后，在休会后的第二天方能辩论。

（五）对政府提出不信任案

根据责任内阁制的原则，内阁必须得到议会的信任和支持，如果议会拒绝通过政府有关重要政策的议案、财政案、条约缔结，或议会通过了对内阁的不信任案，则内阁就应集体辞职。如内阁拒绝辞职，则应提请英王下令解散议会下议院，接着进行提前大选。如大选后原执政党仍占多数，内阁就可以继续留任；反之则必须辞职。1721 年被任命为英国第一任首相的罗伯特·沃波尔爵士主持内阁工作，1742 年他解散下议院，内阁在新选举出的下议院仍未获得多数，他立即辞职，他的内阁全体成员也同时集体辞职，开创了内阁失去下议院支持时全体辞职、向议会负连带责任的先例。1783 托利党人威廉·皮特出任首相，次年得不到下议院支持但他没有辞职，即解散了下议院，宣布重新选举，并取得胜利，这样又开创了内阁得不到下议院支持的情况下，首相可以解散下议院重新举行大选的先例，从此确立了责任内阁制原则。可以说，议会对政府的不信任案对政府有一定的监督和约束作用。

（六）议会行政监察专员

1967 年下议院仿照瑞典、丹麦及新西兰等国先例，设立议会行政监

---

① 转引自林纪东《比较宪法》，五南图书出版公司 1980 年版，第 386 页。

察专员公署。建立了英国议会行政监察专员制度，这是议会行政监督的进一步发展，是英国议会为适应第二次世界大战以后行政权力的扩大和行政管理的日益复杂性而采取的强化议会监督职权的制度。这里着重加以论述。

1. 议会行政监察专员的组成

议会行政监察专员的办公机构称为专员公署。专员公署以监察专员为首长。根据财政部的人数规定，监察专员下设 61 名工作人员。其中英格兰卫生监察专员、苏格兰卫生监察专员、威尔士监察专员为兼职成员。公署的大多数成员来自行政部门，每 3 年撤换一次，他们都具有丰富的行政工作经验，对于调查行政程序，确定其行政行为是否造成了对公民权益的损害，有着比法律顾问和律师更轻车熟路的优势。专员公署的一般工作人员除了协助监察专员开始工作以外，还可以根据某一目标，由监察专员授权来履行专员的行为。他们的工作所需费用一般较大，因此，其支出需由财政部批准，在议会资金中支付。专员公署每年基本经费约 56 万美元。

行政监察专员由首相提名，经女王任命。他又独立于政府，只向议会负责。根据《议会行政监察专员法》监察专员不得出任上院、下院议员和北爱尔兰下院议员。专员一经任命，同时也成为根据 1958 年法庭与调查法指定和任命的行政裁判委员会的当然成员，监察专员一般都是工作经验丰富、品行良好的人，如果不是专员自己请求免职或经议会两院弹劾，监察专员可以终身任职，直到年满 65 岁的退休年龄为止。这样可保证监察专员不受行政部门干涉而独立公正地开展工作。

监察专员的身份同由议会下院任命的文官政府成员相同，年薪等同于政府文职官员中常务次长的薪金。议会如果认为有必要，可以随时提高监察专员的工资比率，担任议会行政监察专员，而又同时担任英格兰、苏格兰、威尔士的卫生医疗行政监察专员职务时，只能领取议会行政监察专员的薪金。议会行政监察专员如果担任卫生监察专员以外的其他几项职务时，可以从中选择一项领取薪金。一般地说，除兼任议会行政监察专员外，议会行政监察专员不兼领他职。监察专员的薪金必须扣除他任职以前在其他地方因任命或选举而担任公职所得到的退休金。监察专员退休后，退休金很高。他可以根据《1981 年司法退休金法》中第一条规定，选择适用于司法职位的退休金及其福利待遇，也可以遵照《1972 年退休金法》

中的规定，选择适用于国家文职人员的退休金及其福利待遇。

当监察专员遇有突发事件而使专员职位空缺时，英国女王可以经首相提名，在 12 个月内任命一名代理监察专员，直至到空缺满 12 个月为止。代理监察专员在职期间，享有监察专员的一切权利和待遇。并且同其他监察专员一样，同时是行政裁判所委员会的当然成员，以便协调这两个机构间的关系。

2. 议会行政监察专员的职权及监察对象

议会行政监察专员公署隶属于议会。议会中设有 11 人组成的特别委员会，即行政监察专员特别委员会。它专门处理和协调监察专员公署的工作。监察专员特别委员会成员为下议院议员。因此，监察专员公署主要是议会的一个代理机关，辅佐议会监督中央各部工作中的各项错误及管理不善行为。它主要是受理由议员转来的申诉材料，并进行调查和提出建议，不能推翻行政机关的决定，政府机关也不能因被调查而停止其措施。

议会行政监察专员的职权仅限于调查公民因中央政府各部门的不良行政行为或管理不善而使权益受到侵害时的申诉，包括对某些具体行政官员的控诉。简单地说，议会行政监察专员主要是调查中央各部门的不良行政行为。对于何为不良行政行为，英国的法律并未作详细规定。《议会行政监察专员法》只是概括地说，不良行政行为是政府管理不善而使公民遭到不公平待遇的行为。在 1967 年制定《议会行政监察专员法》时，下院对不良行政行为进行了广泛的讨论，议员 R. 克罗斯罗认为：不良行政行为不仅包括行政机关本身的管理不善，也包括行政人员的偏见、疏忽、不注意、迟延、不称职、刚愎、卑鄙、专横及其他。这使监察专员对此留有宽泛的自由解释权。因此，一切不公平、不合理以及具有歧视性的行为都可视为不良行政行为。

不良行政行为不仅包括执行政策时的不良行为，也包括不良的决策和法令。根据法律规定，原则上政府机关的自由裁量和决策不属监察专员的调查范围，因此，监察专员在认定某项决策不完善时特别谨慎，不能对此政策直接修改，只能提出建议，由政府机关自身来检查该项政策是否有错误，以便修正。

在英国，并不是所有造成不良行政行为的部门都受到议会监察专员的调查。英国在《议会行政监察专员法》中明确列出了可以调查的部门。

其中包括：咨询和仲裁局、农业工资委员会、农渔食品部、慈善委员会、国防部、内政部、贸易和工业部、交通部、税务局、海关与关税办公室、皇家地产办公室、文职人员委员会、农村委员会、教育科学委员会、能源部、环境部、卫生部、公平交易仲裁局、招工部、林业部、军火检查局、人口普查办公室、外国事务局、出口信用保证局、大法官办公室、国债办公室、邮电部、注册总局、公共托管处、公用设施部、财政部、农业和食品研究理事会、医学研究理事会、经济和社会研究理事会、农村地区小工业理事会、体育理事会、旅游理事会等 100 个政府部门和公共事务部门。同时，对应受调查的部门，女王有权根据枢密院的敕令来变动、删减或增加新部门。根据英国法律规定，被确定的监察专员的调查对象，不仅包括政府某机关本身，还包括该部门的大臣及其他政府官员在内。不代表英王活动的行政机关如地方政府、发展社会教育单位、完全以商业方式运营的公司或团体等都不在监察专员的调查范围之列。

议会行政监察专员有权调查公民权益受损害时的申诉，但英国法律又规定下列两种行为不在监察专员的调查范围之内：

第一，受害人具有通过法律程序得到处理和补偿的事项，即由法院和行政裁判所管辖的案件。但英国法律又规定，如果监察专员认为在特殊的情况下，受害人向法院或行政裁判的申诉是不合理的，监察专员可以不顾法院管辖权的存在，而对向他申诉的案件进行调查和处理，法院或行政裁判所也不能以越权的借口加以追究。由此，我们可以看出监察专员与法院或行政裁判所的管辖权也没有绝对的划分，不良行政行为与违法行政行为之间并没有明确的法律界限。因此，监察专员对自己的管辖权范围保留了很大的自由裁量的余地。如果他认为法律意义不明或案件急需处理时，便自行决定调查和处理。这样，可以有效而及时地保护公民的合法权益。

第二，英国法律除了对监察专员不能调查的事项做了分工方面的限制以外，还规定了一些具体事项也不能进行调查。根据后来英国修订的《议会行政监察专员法》中附表（三）的规定，下列事项监察专员不能调查：由政府大臣或国务秘书所证实的有可能影响外交关系的事项；由女王授权的代表联合王国的官员或其他官员在其他国家或地区所进行的活动；国务大臣根据 1870 年"引渡法"或 1887 年"逃犯法"所进行的活动；

为调查犯罪或保护国家安全而由国务大臣进行或授权进行的活动，包括为护照问题而采取的行动；法院、军事法庭或国际法庭所进行的诉讼活动；英王特赦权的行使，国务大臣就任何人的案件提交上诉法院、高等法院、军事上诉法院的活动；地方卫生机构、专门卫生机构所进行的活动；关于合同或商业交易的事项，但土地的强行征购和处理活动除外；关于军事人员和文职人员的任命、免职、薪金、纪律、退休金和其他政府采取的人事行政活动，但不包括国务大臣在海外发展与合作方面等采取的行动；由英王授予的名誉、奖励、特权或豁免权。

3. 议会行政监察专员的调查程序

首先，受害人控告的提出及受理。如果认为自己的权益受到了政府机关及其工作人员的不公正待遇，任何个人、团体都可以提出申诉，要求补偿。但下面两种情况除外：以公共服务为目的的团体或地方当局，从事国营工业或事业的机构；由女王或国务大臣任命的、其全部或大部分经费支出由议会拨款的机构。如果受害者死亡或由于各种原因而丧失行为能力的情况下，可由个人或家庭其他成员提出的指控。同时，申诉必须在受害事件发生的 12 个月内向下议院一名议员提出。但如监察专员认为情况特殊，超出时限的申诉仍可受理。受害申诉人必须是在联合王国居住的人，否则不予受理。但在下列情况下仍可受理：外国人在联合王国境内受到了不公正待遇；受害事件发生在联合王国注册的轮船、飞机等；是代表联合王国在他国或地区行使领事职能时所发生的侵害行为等。

由于议会行政监察专员公署只是议会的一个代理机关，因此，一切受害人的申诉必须以书面的形式先向一个下议院议员提出。申诉书必须包括下列内容：申诉姓名、住址、工作单位；被指控单位和官员姓名、犯有何种错误及给自己造成如何不公平待遇；应给自己怎样补偿；被指控单位或个人签字，即"我受到何种指控，请监察专员公正调查处理"的字样；申诉人何时发现其权益遭受损失及有无向其他机关提出过申诉，结果如何；受害申诉人自己掌握哪些证据等。议员征得申诉人同意后，再转交给监察专员，如果议员认为申诉没有理由时，可以不转交监察专员调查。受害人不能直接向监察专员提出申诉，如果受害人直接向监察专员提出申诉，监察专员必须先取得有关议员同意后方能受理。

监察专员接到议员转来的申诉后，首先确定是否在其管辖权内，如超出其管辖权，便转交法院或行政裁判处理。即使申诉案件在其管辖范围，监察专员也有是否予以调查处理的自由裁量权，没有任何法律可以强制监察专员对其管辖内的案件必须处理。

其次，监察专员对申诉案的调查。监察专员确定对某一申诉案件调查后，根据充分听取双方当事人意见的原则，首先向有关部门或机构的最高官员，或向指控书所指控的侵权行为实施者或授权实施者，提供对指控书列举的事项进行说明和辩护的权利和时间。监察专员在实施这种调查时，一般都秘密进行。监察专员可以自由确定调查程序、具体调查对象以及适当地询问；同时，他还有权决定在调查过程中有关人员是否可以由律师、律师顾问或其他人员代理。

为了使案件调查工作能够顺利地开展，在必要的时候，监察专员可以根据案件具体情况，根据财政部具体规定的有关标准，向受害申诉人及案件的调查给予协助的人，如提供情报的人等支付一定的费用。监察专员对申诉案件的调查不得妨碍有关部门或机构采取的任何行动，政府对其被调查的事项仍有采取进一步行动的权力。体现了行政机关独立性及权力分立的原则。

根据调查目的的需要，监察专员可以要求有关部门的大臣或常务官员及其他相关人员提供必要的情报、文件、资料等。在就证人的出庭和询问方面，监察专员具有同法院同等的权力，如要求证人宣誓等。有关人员不得借口保密或有其他限制来阻挠监察专员的调查工作。在这方面，即使皇室也不享有特权。但是监察专员不得要求提供有关内阁或内阁委员会活动的情况。

对于监察专员的调查，任何人没有合法理由不得妨碍监察专员或下属官员完成职责。例如阻挠、拒绝、伪证、疏漏等行为便构成了藐视法庭罪，那么监察专员有权向法院出示证明，经法院调查后便可以藐视法庭罪处理。议会行政监察专员有与高等法院一样的强制权力。这样，有力地保证了其调查工作的顺利进行。

最后，监察专员提出报告。监察专员如果认为申诉的案件不宜调查处理，那么，他得向有关议员提交一份报告说明理由。如果他对此申诉案件进行了调查，那么他必须把调查结果分别向有关议员、被调查部门的长官、实施侵害行为的当事人及议会两院提交书面报告。另外，监察专员还有义务每年向议会两院提出一份年度报告和工作总结。

出于"诽谤法"的有关规定，监察专员的报告对于下列事项享有豁免权：议员为调查之目的向两院公布的任何事项；下院议员为调查目的，在与监察专员及其下属人员协作中所公布的任何事项；议员把报告结果转交给受害申诉人的行为；监察专员把报告结果交给行政部门及其官员或有关人员的行为。

监察专员及其下属官员的所有公务行为必须遵守"1911年公务保密法"的有关规定。同时，各部大臣也有权力指出某一文件、情报或资料的密级，要求保密不得公开。总之，监察专员在公布调查情况时，有一系列保密的规定必须遵守。

4. 监察专员对受害人的补偿

监察专员对申诉案件调查完毕后，如果确认某一政府机关或工作人员已造成对公民利益的侵害，那么他有权建议实施侵害行为者提供补偿，通常是建议实施者在法律规定以外补偿受害人的损失，或者修改原有的行政决定。但他不能命令有关部门停止、延缓或加速其行动，不能强迫其改变任何决定，或给予任何经济赔偿，以及采取其他强制措施。在一般情况下，行政机关是能接受其建议的。如果行政机关不予补偿或修正，那么，议会中的专门委员会便会根据监察专员请求向政府部门施加压力，以消除弊政[①]。

5. 议会行政监察专员与卫生行政监察专员的协调

议会行政监察专员在受理的众多案件中，如果发现有的申诉案件属于卫生行政监察专员的管辖范围，那么，他应该就下列事项同卫生行政监察专员进行协商，包括对此申诉案件是否进行调查、调查方式、程序以及最终报告的形式、内容等。但是，如果议会行政监察专员同时也兼任卫生监察专员，那么他可以自行根据《1977年国家卫生监察专员法》第六款的规定独立行使职权。

应该承认，尽管英国行政监察专员制度还不完善，甚至其权力和行为受到许多限制，但是，它的设立"对平反冤情有相当成效，政府机关及

---

① 参见刘明波主编《国外行政监察理论与实践》，山东人民出版社1989年版，第140—148页。

官员违法劣迹都经调查后公布，发生警戒作用，使犯法者有所畏惧，以后不敢为非"①。

二　日本国会的监督权

日本与英国同属内阁制国家，因此议会监督权的内容基本相同，但是，由于两国的传统、习惯、历史条件不同，再加上日本国会的许多制度规定受美国政治体制影响较大，因此，在监督权的具体规定和行使方面也有差别。这里略加论述。日本新宪法规定："国会是最高国家权力机关，是国家唯一立法机关。"日本国会并不是一个狭义的立法机关，它在监督政府方面拥有广泛的权力。

（一）财政监督权

日本新宪法第七章特设财政专章，第八十三条至第九十一条较为详尽、明确规定了国会的该项权力。这些规定如下：处理国家财政的权限，必须根据国会的决议行使；新课租税，或变更现行租税，必须有法律或法律规定的条件为依据；国家费用的支出，或国家负担债务，必须根据国会的决议；内阁必须编制每一会计年度的预算，向国会提出，经其审议通过；为补充难以预见的预算不足，得根据国会决议设置预备费，由内阁负责支出。所有预备费之支出，内阁必须于事后取得国会承认；皇室的一切财产属于国家。皇室的一切费用必须列入预算，经国会议决；公款及其他国家财产，不得为宗教组织或团体使用，提供方便或维持活动之用，也不得供不属于公家的慈善、教育或博爱事业上支出或利用；国家的收支决算，每年均须经会计检查院审查，内阁必须于下一年度将决算和此项审查报告一并向国会提出；内阁必须定期，至少每年一次，就国家财政状况向国会及国民提出报告。由上述规定可看出，议会财政监督权涉及的范围是相当广泛的。

这里需着重论及的是会计检查院的情况。依日本新宪法规定，国家的收支决算，每年均须经会计检查院审查。昭和二十二年四月十九日颁布

---

① 陈志尧：《英国国会》，（中国台湾）商务印书馆1986年版，第45页。

《会计检查院法》，该法第一条规定：会计检查院对内阁有独立的地位，其组织是以三个检查官构成的检查官会议及事务总局组成之，检查官由内阁经两院的同意任命，其院长则自检查官中互选，由内阁任命。该院为合议制的机关，由检查官构成会议，以院长为会议议长，行使职权。其所检查的范围相当广泛，如国家每月的收入支出，国家所有现金及国有财产的受付等。依财政法第四十条规定：内阁应将曾经会计检查院检查的岁入岁出决算，于翌年度举行的常会中向国会提出。在岁入岁出的决算中，除会计检查院的报告外，应附具岁入决算明细书及各省厅岁出决算报告及有关国家债务计算书，以备国会审议。会计检查院对于其报告，如认为有出席国会说明的必要时，得使检查官出席或以书面说明之。

（二）通过提出不信任案监督内阁

日本实行的是议会内阁制，国会对内阁具有表决信任与否的监督权。日本新宪法第六十九条规定：内阁在众议院通过不信任案或信任案被否决时，如十日内不解散众议院必须总辞职。这表明，内阁的存在，是基于众议院的信任，若失去信任，即应解散众议院，征求民意或者内阁总辞职。

（三）国政调查与监督权

日本新宪法第六十二条规定：两议院得各自进行有关国政的调查，并得以此要求证人出席、提供证言及记录。众议院规则第九十四条规定：常任委员会在会议期间，经议长承认，对属其管辖之事项，行使关于国政之调查。参议院规则第七十四条规定：委员会对于经议长承认之事件，得调查之。国会调查权属各议院单独行使之职权，两院调查意见，不需取得一致，且各依其调查结果，或作参考，或分别追究有关机关或人员的责任。

对于一般的国政，除拥有调查权之外，国会还有其他形式的国政监督权，新宪法第六十三条规定，内阁总理大臣及其他国务大臣有出席参众两院，对议案从事答辩或说明的义务。第七十二条规定，内阁总理大臣有向国会提出一般国务报告的义务。此外，国会法第一百零四条规定：各议院所为之审查或调查，如向内阁、官公署及其他机构，请求提出必要之报告或记录时，应答应其请求。由此可见国会调查监督之权的广泛。

（四）对人事的控制权

在政府的各种职位中，最重要的是内阁总理大臣，日本采用的是责任内阁制，因此，新宪法第六条规定：天皇基于国会之提名任命内阁总理大臣，所以，国会有提名内阁总理大臣的权力。国会有产生内阁的权力，众议院又有瓦解内阁的权力，这是人事控制权的最重要作用。

在人事控制权中，除上述两者外，国会还行使其他官员的任用同意权，甚至行使任免同意权。这种同意权的行使，系依各种法律的规定，例如，依《日本国有铁道法》规定，可任免国有铁道监理委员会委员；依《广播法》规定，可任免广播协会经营委员会委员；依《会计检查院法》可决定会计检查官；依《公安审查委员会设置法》可任免公安审查委员会委员长及委员，等等。

（五）外交监督权

按照民主宪政国家的政治规则，外交事务的处理权属于政府，而国会则掌握着外交监督权。日本新宪法第七十三条规定，处理外交关系为内阁执行事务之一。而同条第三项规定，缔结条约，但必须在事前，或根据情况在事后获得国会的承认。也就是说，政府在缔结条约时，原则上应事前送请国会议决，唯有不得已情形时，才可事后送请国会承认。此外，新宪法第七十三条还规定，内阁总理大臣应代表内阁向国会报告外交关系，这也是为了适应国会行使外交监督权的需要规定的。

（六）戒严承认权

日本新宪法没有关于戒严的条款，但其《警察法》和《保安厅法》有关于"国家非常事态"的规定，可谓与戒严相当。《警察法》第六十二条规定：基于国家非常事态，为治安之维持认为有特别必要时，内阁总理大臣应基于国家公安委员会之劝告，得发布全国或某一区域内国家非常事态之公告。第六十五条明定：内阁总理大臣所发布的国家非常事态布告，应于发布之日起二十日内求得国会之承认。倘在众议院被解散时，则应求得依日本国宪法第五十四条规定紧急集会之参议院的承认。在前项规定之期内，依同项规定之国家非常事态的布告不得承认，或有不承认之议决

时，国家非常事态之布告，将来即失其效力。第六十六条规定：国会如有
吩咐时，内阁总理大臣应发布废止之公布。《保安厅法》第六十一条则为
关于出动保安队警备队以应付非常事态的规定，即内阁总理大臣，基于非
常事态为治安之维持认为有特别必要时，得命保安队或警备队之全部或一
部出动。内阁总理大臣依前项规定，命令出动时，应自命令出动之日起二
十日以内交付国会审议，求其承认。但在国会闭会中之场合或在众议院被
解散之场合，应在其后最初召集之国会中速即求其承认。内阁总理大臣，
在前项场合中如有不承认之议决时，或在无出动之必要场合中，应速即命
令保安队或警备队撤回。

（七）质询权

日本新宪法第六十三条规定：国会参众两院议员代表国民，有权对内
阁应负责的事项提出质询或质疑，内阁总理大臣及其他国务大臣，不论其
是否在两议院之一保有议席，为就议案发言均得出席议院会议。又在被要
求出席答辩或作说明时，必须出席。

日本国会法对质问权的行使方式有详尽规定，如第七十四条规定：各
议院之议员，如欲向内阁质问，必须得议长之承认。质问须作成简明意见
书，向议长提出。关于议长不承认的质问，而议员有异议，此项承认与否
应征求议院的意见。关于议长或议院不承认的质问，议员有要求时，议长
应将意见书刊载于会议录。第七十五条规定：经议长或议院承认的质问，
由议长将意见书转送内阁。内阁须于接到质问意见书之日起七日以内答辩
之。如于其期间不能答辩时，必须将理由明示之。第七十六条规定：有紧
急之质问时，得经议院议决口头质问之。第七十七条规定：关于内阁对质
问之答辩，得根据议员之动议交付讨论或表决。

此外，两院规则对于质问权的行使，还有补充规定，《众议院规则》
第一百五十八条及《参议院规则》第一百五十三条规定：经议长或议院
承认之质问意见书及内阁对此项质问意见书之答辩书，议长应将其印刷，
分发各议员。《众议院规则》第一百五十九条规定：对内阁之答辩书不得
要领时，质问者得再提出质问意见书。《众议院规则》第一百六十条及
《参议院规则》第一百五十四条规定：内阁得对质问口头答辩之。对前项
之答辩质问者得再以口头质问之。

日本为预防质问权的滥用起见，设有种种限制质问权的行使办法，因此，这必然会使议员对于国政问题，难得有自由发表意见的机会。为了弥补这一缺点，于是在日本国会制度上，有所谓自由讨论的会议。《国会法》第七十八条规定：参议院为给关心国政之议员有自由讨论之机会，至少须于三周间开一次此种自由讨论会议；但议院管理委员会有决定时，不在此限。在自由讨论会中，各议员均有发言的机会，讨论的问题由议长向议院管理委员会咨询预先决定。在未决定自由讨论之问题时，议员得就国政发表自己的意见，或向国务大臣及政府委员会质疑。在自由讨论会议中，对已决定的问题的讨论，可进行表决，但得由议长交议院决定；对未决定的质问自由讨论，当要求表决时，议长应经讨论之后付诸表决。

可见，自由讨论是给予议员发表其对国政的意见，并得对国务大臣及政府委员会进行质疑。质疑与质问不同，前者是两方以口头一问一答，以求得对事实的了解，后者常演变为议院行使，所以，自由讨论中的质疑，类似英国的质问。

三　法国国民议会的监督权

法国自资产阶级革命之后，其政体一直处于变化之中。仅宪法就有1791年宪法、1793年宪法、1795年宪法、1799年宪法、1814年波旁王朝复辟宪法，1830年七月王朝宪法，1848年第二共和国宪法、1852年宪法、第三共和国宪法（1875），第四共和国宪法（1946）、第五共和国宪法（1858）及两次修改。随着宪法的不断变化，议会的权力也有较大变化。

从历史上看，应该说法国是一个传统的实行资产阶级议会制的国家，1791年和1793年宪法规定国民立法议会由一院制组成。自1875年第三共和国以来，议会一直实行两院制，即国民议会和参议院。但是，议会在各个历史时期的权力地位差异甚大。在实行第三共和国宪法和第四共和国宪法的历史时期，议会权力很大，属于典型的议会制国家。第五共和国宪法实行以后，尽管议会制度的形式仍然被保留，但议会在国家机构体系中的地位明显下降，议会实际行使的权力也被大大削弱。所以今天的法国已不再是一个典型的议会制国家，而是一个兼有议会制和总统制两种制度的特色国家，人们称之为"半议会制、半总统制的国家"。议会权力的削弱主要表现在议会监督权的削弱。

第五共和国宪法规定国民议会享有监督政府的权力，主要包括如下几个方面：

（一）质询权

在质询权方面，可分为口头质询和书面质询两种。书面质询是先将质询稿子交予议会秘书处刊登于政府公报中。原则上，政府应该在一个月内答复，不过，政府也可以就实际需要延后一个月回答。假如政府在规定期限内皆无法答复，则议员可要求将问题改成口头质询在议会会期中公开讨论。书面质询自第五共和国成立以来，扮演了重要的角色。根据统计，"国民议会的质询件数由1959年的3506件增加到1985年的16840件；而参议院的件数则由799件增加到6417件"①。在口头质询方面，宪法第四十八条规定："议会在开会期间，每周应优先保留一次会议，以供议会议员质询及政府答询之用。"口头质询又可分为付诸讨论或不予讨论两种。假使议员提出口头质询而不要求公开讨论，则事先仍需准备好文稿交由秘书处刊登在政府公报上，同时该质询也会事先排定在议程上。届开会之时，议员仅稍加简说即可，由部长回答。假如议员提出口头质询并要求院会讨论，在此情形下，待议员和相关部长双方将意见表达后，则院会公开讨论。这样一来，党团也可以利用所分配的时间来表示意见和主张。同时，政府阁员也可以轮流回答或补充。但应该指出的是，无论其讨论内容如何，议会并无权就此问题加以投票表决。

1974年，季斯卡总统上台后，将每周三下午在国民议会院会的口头质询完全改为议员对政府的即席时事质询，质询时间通常为两个小时，由执政党与在野党的党团平均分配。目前法国社会党有35分钟，共和联盟有25分钟，法国民主同盟有20分钟，中间联盟和法国共产党则分别有15分钟。议员须在院会开始前1小时提出质询问题，届时由总理或相关部会首长做简单的即席回答。此外，法国国营第三电视台也立即实况转播，以加强议会质询的功能。1985年，差不多有300多个口头质询在国

---

① 张台麟：《法国政府与政治》，汉威出版社1990年版，第33页。

民议会提出，并经由各部会首长答复。"近年来，议会口头质询的功能亦有愈来愈强化的趋势。"①

（二）通过特别的调查或专门委员会监督政府

1958 年 11 月 17 日的行政命令中确立了此项权力，其中规定，议会有权针对特殊问题组成委员会。不过，为了避免此类委员会的组织过于膨胀扩大，行政命令中表明了委员会的存在期限不得超过 6 个月。政府基本上不希望此类特别委员会经常存在而成为监督制衡力量。因此，"第五共和国以来，议会特别委员会的功能并未有所发挥"②。

（三）财政监督权

第五共和国宪法规定的议会的财政监督权与第三、第四共和国宪法的规定相比大大削弱了。宪法第四十七条规定：议会根据组织法规定的条件，表决通过财政法律草案。如果国民议会在此预算草案提出后四十日的期限内在第一读中未作出决议时，政府应把它提交参议院，参议院必须在十五日的期限内作出。如果议会在七十日的期限内未作出决议时，该草案的规定可以法令付诸实施。由此可见，宪法对于议会决议预算权的时间限制得很严，议会如不在一定期限内议决预算案时，政府可以有越俎代庖的权力。议会的权力之削减可见一斑。

此外，宪法第四十七条规定：议会在审议院的协助下，监督财政法的执行情况。

（四）提出对政府不信任案权

法国第三、第四共和国时期，议会可在任何时刻，针对政府或某部会首长提出不信任案。而计票方式极为奇特，弃权票数是算入否定政府的行列，如此一来，大大增加了政府被倒阁的机会，造成政府不稳定，内阁改换频繁的局面。鉴于此，第五共和国宪法将议会对政府提出不信任案权的行使加以规范和限制。宪法第四十九条规定：经内阁会议审议后，总理就

---

① 张台麟：《法国政府与政治》，汉威出版社 1990 年版，第 34、35 页。
② 同上。

政府的施政纲领或者必要时就一项总政策的声明，向国民议会承担政府责任。国民议会可以通过一项不信任案追究政府的责任。此项动议至少有国民议会议员十分之一的人数签署才能受理。此项不信任案提出后经过四十八小时之后，才可以进行表决。只统计对不信任案的赞成票，不信任案只有获得组成国民议会的议员过半数票才通过。如果不信任案被否决，这些签署人在同一会期中不得再提出不信任案。总理得就通过某一项法案为由，经内阁讨论审议后，向国民议会提出信任案以决定政府之去留。在此情形下，除非二十四小时内，有不信任案的动议提出，并依本条前款第四十九条第二款的规定进行表决，否则政府所提的法案即视同通过。宪法第五十条规定：当国民议会通过不信任案，或者表示不赞同政府的施政纲领或者总政策声明的时候，总理必须向共和国总统提出政府辞职。由于宪法对国民议会提出"不信任案"的权力在具体运作上做了复杂的多重限制，所以"不信任案"很难实际通过。

除上述议会监督权之外，议会还有批准宣战和实行戒严权，对总统提出控告权。宪法第三十五条规定：宣战必须经议会批准。宪法第三十六条规定，超过12日的戒严令，要经议会批准后内阁才能宣布实施。宪法第六十八条规定，总统在执行职务中有叛国罪时，议会两院可依公开投票的方式，以组成各院的议员的绝对多数票作出同一表决，对共和国总统的叛国罪提出控告，由高级法院审理。

四　美国国会的监督权

美国是典型的总统制国家，美国宪法所构建的是立法、行政、司法三种权力相互制约的权力结构。与议会制国家不同，美国国会并不是最高权力机关，它与总统、最高法院分享国家权力，受到总统和最高法院的制约。同时，它也握有制约总统和最高法院的权力。但是，1787年的美国宪法并没有明确规定国会的监督权，而是在此后二百多年的宪政实践中，美国国会逐渐地取得了并进一步完善、加强了监督权。美国宪法没有明确赋予国会监督权，主要是因为：（1）当时国会与总统的关系比较简单，国会往往可以通过拒绝拨款就能使总统服从、让步。（2）那时的行政部门规模很小，总统的行政权相比议会广泛的立法权显得较薄弱。同时，行政机构人员少，职能简单。（3）当时制宪代表关注的是如何防止国会权力的滥用和无限制，对行政权的滥用不太注意。但随着社会经济的发展，总统职权膨胀，联邦行政机构扩大，人员增多，以及行政职能的扩张，再加上国会每年制定上千项法律，拨出成千亿、上万亿美元款项，规定无数的项目、合同计划和授权，这就使总统及行政系统与国会关系复杂化。国会负有监督总统及行政系统实施国会立法，使用国会拨款的责任。于是，国会监督权被提到日程上来。议员和公众都呼吁要国会承担起监督政府的责任来。为适应这种形势，国会制定一系列法律，承担起了监督政府的职责。1946年国会改革法首次公布，监督政府是国会的职责，该法规定：为了帮助国会评价法律的实施，帮助国会拟订必要的修正案和相应法律，参议院、众议院的各个常设委员会应对行政机构执行各委员会职责范围之中的任何法律的情况进行经常性监督；为此目的，应对政府行政部门各机构提交的一切有关的报告和材料予以研究。1970年国会改革法将1946年法规定的经常性监督修改为"检查和研究"；该法规定为各委员会配备更多助理，协助委员会的监督工作；该法还要求各委员会在每届国会届满闭会之前向全院大会提交一份监督报告；该法规定，国会研究部应向两院各委员会提供专家，帮助委员会评价立法提案，还应在每届国会开幕之际，向各委员会提交一份该委员会所管范围内即将到期作废的法律名单，以提醒委员会检查法律的执行情况和效果。

1974年预算和扣款法进一步增强了国会的监督权力。该法授权两院各委员会要求所管辖的行政部门提交自己的项目评估报告。规定总统手下的管理预算局和财政部须随时向国会审计总署、国会预算局提交所需的审计材料；该法还指示国会审计署建立一个"项目检查评估处"，向国会建议检查和评估联邦项目的方法。1979年，国会通过法律授权国会审计总署有权发出传票，并可向联邦法院起诉拒不服从的行政机构和官员。

美国参众两院还依据上述法律，相应地制定了两院关于监督工作的议事规则，建立监督体制、规定监督方法。经过国会自身的努力，监督权逐渐完善。那么，美国国会监督权有哪些内容呢？由于学者们对监督一词理解不同，在框定监督权的内容上也有不同。美国宪法学者盖罗威（Galloway）认为有五种：（1）对于总统委任行政人员和法官的监察；（2）对于委任立法的监察；（3）对于政府支出和公款的监察；（4）立法的否决权；

（5）对于外交事务的监察①。美国学者哈雷斯（Harris）在其所著《国会对行政的监督》中，认为国会监督权有：（1）对政府预算的监督；（2）审计；（3）对官吏任命的同意权；（4）调查权；（5）立法机关的否决权②。中国台湾学者罗志渊编著的《美国政府及政治》一书指出：议会监督权包括财政监督权，用人监督，外交监督，以及一般行政监督权③。李道揆先生在其著作《美国政府和美国政治》一书中认为："对总统和其领导的行政机构，也就是对美国政府进行制约和监督，是国会的一项重要职能。国会拥有以下宪法手段来履行这一职能：立法权，钱袋权（财权），总统任命的批准权（人事权），弹劾权，条约批准权，调查权。此外，国会还拥有从立法权引申出来的立法否决权和制定'夕阳法'的权力。"④

由于本书对监督一词采用广义的解释，因此，美国国会监督权也应是广泛的。主要包括如下几个方面的内容：立法监督、财政监督权、人事监督权、外交监督权、调查权、弹劾权。

（一）立法监督

美国宪法规定："本宪法所授予的各项立法权，均属于由参议院和众议院组成的合众国国会。"这是对国会立法权的原则规定。宪法第一条第八款，在一一列举了国会具有征税权、借贷款权、规定合众国贸易权等17项权力之后，又规定，国会"有权"制定为执行以上各项权力和依据本宪法授予合众国政府或政府中任何机关或官员的一切其他权力所必需的和适当的法律。同时，宪法第五条还规定，"国会遇两院2/3多数认为必要时，得提出本宪法的修正案"。

在二百多年的立法实践中，国会逐渐能够熟练运用立法权对总统及行政系统进行监督和制约。国会可以以法律设立和撤销所有的部、署、委、局，并规定其组织机构；国会以联合决议批准或否决总统提出的行政改组计划；国会建立各职位并规定其权限；规定担任各职位的资格；国会规定一个机构的编制和各级人员数最高限额、各级官员的薪水等级；国会决定

---

① Galloway, George B, *Congress and Parliament*, Washington, 1955, pp. 67—71.
② Harris, Joseph P., *Congressional Control of Administration*, The Brookings Institution, 1964.
③ 罗志渊编：《美国政府及政治》，正中书局1984年版，第436页。
④ 李道揆：《美国政府和美国政治》，中国社会科学出版社1990年版，第369页。

哪些职务由政治行政长官、高级行政职位官员担任或由低级文官担任；国会确定差旅费标准、办公用品及家具购置费等；总统提出立法建议，要由国会审议制定成法律才能实施；国会还制定法律对总统的权力加以限制；对于送交总统签署的议案如被总统否决，国会两院各以 2/3 的多数票可以推翻总统的否决，该项议案由此成立生效。

按照三权分立原则，立法权只属于国会，但由于经济、社会等原因，政府开始从国会手中得到事实上的立法权。但由于这种立法权必须经国会严格授权才能行使，因此称委任立法权。在实践上，美国的委任立法多得令人吃惊。"截至 1975 年，载入《联邦法院汇编》的法规，已达 127 卷，65249 页，5000 万字，其可谓卷帙浩繁。"① 美国国会为维护三权分立原则和自己的立法地位，对委任立法进行监控，主要方式有：（1）举行立法听证。为授权法规定更为严格缜密的标准和条件。例如：通过"夕阳法"监督行政，所谓"夕阳法"，就是国会在批准成立一个新的行政机构或批准一个机构的计划项目时，规定该机构或该项目的结束日期。在到结束日期以前，国会对该机构的工作和该项目进行全面审查，以决定它们是否应继续下去。（2）通过对预算案的审查来控制政府的委任立法行为。（3）命令政府向国会作专门定期报告。（4）对委任立法涉及的事项进行调查监督。（5）行使立法否决权。国会使用立法否决权始于 1932 年。所谓立法否决，就是国会在一项法律中写进这样的条款：总统或行政机构根据该法委托的权力为执行该法而采取的行动和制定的条例，必须得到国会的同意方可付诸实施，国会可以在一定的期限内（一般为 30—90 天）以两院共同决议或一院决议，甚至一个委员会的决议否决该行动或规章。和法律不同，这项决议无须总统签署。

实际上，国会在行使立法权过程中，随时可以找到借口来对行政机构进行监督。例如，为了获取立法资料信息举行听证会、索取政府机构有关文件记录等，这些行为实际上起到了监督政府的作用。

（二）财政监督权

美国宪法有三处就国会的财政权作了规定。宪法第一条第七款规定：

---

① 李林：《立法机关比较研究》，人民日报出版社 1991 年版，第 283 页。

一切征税法案应由众议院提出。宪法第一条第八款规定，国会有权在征取直接税、间接税和货物税的基础上，计划合众国的国防和公共福利。宪法第十六条修正案规定：国会有课征所得税之权。

美国国会的财政监督主要体现在预算议案的审议和通过拨款法案上。在1921年以前，美国是没有预算的，财政部每支出一笔钱都必须经国会的法令批准，因此，财政部只是把各行政部门所需用的款项总汇起来送交国会，国会则分别由各委员会编制拨款法案。岁入也是由各委员会分头编制赋税法案。但这种拨款与筹款的方法根本不能适应政府广泛干预和管理社会经济事务的社会现实和现代财政活动的需要。因此，美国国会于1921年通过预算和会计法，建立了预算制度，成立了预算局（1970年改为行政管理和预算局）。自1921年建立预算制度到1985年国会制定"平衡预算和赤字紧急控制法"（简称格拉姆法），美国国会形成了一套相当齐全、成熟的预算程序，即1974年建立、1985年修正的预算程序。这套程序包括了总统和国会，包括了国会两院的每一个委员会，乃至每一个小组委员会，其中最有实权的是两院的预算委员会、征税委员会和拨款委员会。各方在征税与开支、授权与拨款、总数与项目上都有明确职责，每种活动都规定了具体期限，正常预算、紧急拨款、削减赤字如何完成，皆有明文规定，国会、总统各配备专门的预算机构负责协助。

除了每年一度国会讨论预算议案和通过拨款法案外，国会两院设立的各种委员会和各种小组委员会日常对于相关政府部门的支出情况也要进行监督。"美国国会对支出进行监督，似乎比英国下议院对支出的监督还要彻底。"① 众议院在1814年成立了一个公共开支常设委员会，负责调查几个公共部门的情况，特别是执行有关拨款法的情况，并且就经费支出是否符合法律提出报告，还要经常就增加有关部门的节约和官员职责的必要条例和安排提出报告。② 这种委员会到1874年增加到8个，根据规定，这8个委员会的职责划分极其细致，它们要"分别检查提交给它们的经费支出情况，并且提出询问和特别报告"③。现在，国会两院各常设委员会和

---

① ［美］威尔逊：《国会政体：美国政治研究》，商务印书馆1986年版，第95页。
② 同上。
③ 同上书，第96页。

小组委员会对行政机构支出的监督更为严格和细致。

美国还于 1921 年设立了会计总局，其职能除了账目审计，还包括监督政府各主管部门财政业务的合法性和效率，为国会提供财务信息，负责建立联邦机关财政业务的各种规章和报表制度，并应国会、委员会和小组委员会以及议员的要求进行专项研究。总监督长具有很大的权力，其中有：审计权；账目处置权，可以对行政部门的政策和工作提出疑问，否决一些部门的开支账目，要求部门对支出情况进行调查；法律解释权，根据有关法律和条例，决定行政部门的财政活动能否进行；调查权，对所有有关收入、分配和使用公共资金的活动进行调查，审计情况随时向国会通报，每年作年度情况报告。会计总局被人们称之为行政机构的"监察者"，在地位上却是国会的"仆人"。

（三）人事监督权

这方面的监督权主要是由参议院行使，有的书上称为同意权。即总统任命一部分重要行政或司法人员，必须先得到国会的同意。国会的这一权力，源于宪法第二条第二款的规定："总统应提出人选，经参议院建议和同意而任命大使、公使、领事、最高法院法官，以及其任命手续未经本宪法另行规定而需以法律加以规定的其他一切合众国官员。但国会如认为适当，得根据法律将下级官员的任命权授予总统、法院或各部长官。"

参议院同意权的行使程序依照参议院规则第三十八条规定。第一，总统的提案，除另有规定外，须交付适当委员会审查后才能表决通过，报全院大会。如被提名的农业部长由参议院农业委员会审查，委员会如表决通过，报全院大会。第二，全院大会辩论和表决。一般来说，委员会审查是决定性阶段，委员会通不过的被提名人要么由总统撤回，要么遭全院大会否决。各委员会在其审查阶段负责就下面几点为全院大会把关：一是确保被提名人的经济利益与其将担任的公职之间不存在利益冲突。总统们在提名时一般对这一条都倍加小心，尽量不提名银行家担任财政部长，不提名军火商担任国防部长。万一碰到必须由某个军火商担任国防部长时，总统会决定将该军火商的企业或股票转交他本人不知道的代理人经管（简称盲托），以让国会放心。二是要求被提名者答应秉公执政。被提名担任联邦官职的人很多来自州和地方政府，对于他们，委员会在审查阶段一定要获得秉公执政的保证才会放心。委员会要举行听证会，要求被提名者到会阐明自己的立场、观点，回答委员会成员提出的问题，保证自己上任后秉公执政。三是要求被提名者答应奉行国会主张的政策。凡是曾经持有与国会相反态度的人被总统提名后，参议院的主管委员会将不惜使用警告、吓唬乃至羞辱等手段，以迫使该被提名者转变政策主张。四是要求被提名者答应与国会合作。被提名者向参议院保证任职期间将随时应传唤出席听证会，向国会各委员会提供本部门工作的可靠、完全的材料，已经成为参议院认可总统提名官员的又一先决条件。对于再次被总统提名的现任官员，参议院主管委员会还要求他们提供更多情况，例如所负责机构内部的人事、决策程序、某项政策是谁决定，等等。凡拒不合作者将被参议院否决。1959 年参议院否决了艾森豪威尔总统对斯特劳斯担任商务部长的提名，参议院商务委员会的审查报告针对拒绝和它合作的斯道斯说："我们不认为，一个在他与国会之间不存在相互信任的人适合担任内阁职务，哪怕他表现出胜任工作的能力。……近年来，国会与许多时常在重要政策上持尖锐反对意见的行政官员之间享有令人满意的关系。这是因为他们之间存在着相互尊重的好感，是因为国会感到这些官员保证开诚布公地与国会相处，是因为送到国会各委员会的材料是可靠的，足以成为国会行动的基础。……根据他与国会各委员会相处的纪录，尤其是根据他在本委员会面前的行为，我们最终认为，斯道斯先生不理解立法与行政两部门之间的正当关系。记录表明，他认为他有权不向国会提交某些材料。……在我们看来，他采取谎报事实或亦真亦假的手法，试图将本委员会引入歧途，使本委员会不能了解全部有关的事实。这种行为反复如此之多，必须被看作是有意识的。他严重破坏了我们的信任，我们不能建议认可对他的提名。"[①]最后，参议院对于被总统提名者的工作能力是否足以胜任一般不过多审查，因为这是一个不容易把握的问题。但如果被提名者的经历显然说明他不堪胜任，参议院的主管委员会便可能严加审查。

在人事监督方面，参议院既认为总统有权挑选他信赖的人，但又充分利用宪法赋予的同意权，对总统提名人选严格把关，施加影响。在实践

---

①　Arthur Maass, *Congress and the common Good*, Basic Books, Inc. , 1983, p. 188.

中，参议院很少简单地运用人事否决权，在同意权行使过程中多做文章，迫使总统提名的人选答应一些条件。一般来说，通过参议院同意而被任命的官员，任职期间，大都不会忘记自己当初为了获得国会认可而向国会作出的各项保证，所有这些保证，全都成为国会的主管委员会监督有关行政官员的标尺。国会的主管委员会一旦认定有关行政官员严重违背了当初的任职保证，它可建议国会削减对该部门拨款，可施加种种压力，迫使该官员辞职，直至由众议院提出弹劾。所以国会借助人事认可程序监督行政官员的效力不可低估。

在总统任命行政官员时，还有"参议员礼貌"问题。所谓"参议员礼貌"是指总统在任命某一人出任某一州的联邦官员时，需要该州参议员的同意，如果这两位参议员为总统本党成员而该党又控制着参议院，情况尤其如此。如果总统事先不征询该州参议员的意见，或者遭该州议员反对总统仍向参议院提名，该州议员会在审查时加以反对，反对的理由哪怕只是"不配我的胃口"这么简单，其他参议员依照"参议员礼貌"都会附和，拒绝总统所提人选。

国会除通过行使其同意权外，在人事监督方面还通过其他方式达到其目的，主要有：机构的设置须经国会制定组织法，即可以组织法来规定机构人员的编制；可以法律规定机构用人资格。"当国会设置一个机构时可以规定被提名者的资格，这一系列的要求包括：国籍、居民身份、个人品质表现、特定的州、特定的选区、哥伦比亚特区、特殊的专业、职业成就、经历、信仰、年龄、性别、种族、财产、饮酒与否、党派、所代表的工业或地区背景等等。"[1] 也可以法律规定政府人员的行为，禁止行政人员参与政治活动，如哈奇法（Hatch Act）。

（四）外交监督

宪法有关外交事项的规定主要有："第一条第八项第十一款规定：国会有宣战权。第二条第二项第二款规定：经参议院建议和同意，并得该院出席议员三分之二赞同，总统有缔结条约之权。"总统应提名大使、公使

---

① Louis Fisher, *Coustitutional Conflicts between Congress and the President*, University Press of Kansis, 1991, p. 28.

领事……经参议院建议和同意而任命之。由此可认为，国会对总统的外交权有三种控制办法：一是对外宣战须经国会通过，国会两院均有监督权。二是总统对外缔结条约，须经参议院出席议员三分之二的多数通过，才能获得批准。三是总统任命使领馆官员须经参议院的同意。

美国国会与总统在外交事项方面的矛盾由来已久，他们为争夺外交政策的控制权长期以来互相争斗。总的来说是总统占有优势。外交政策控制权的争夺焦点是国会对总统对外用兵权的监督。1974 年之前，国会对总统动用军队造成的战争事实只是简单地予以追认。但越南战争的失败有力地教训了国会。国会认为越战失败原因在于总统欺骗国会，在于国会听任总统决定对外战争，在于国会放弃了自己在对外战争上的宪政权力。为了防止"又一个越南"，国会于 1973 年推翻尼克松总统的否决，以两院三分之二多数通过"1973 年战争权决议"，它是两院联合决议，具有法律效力。

1973 年战争权决议是美国宪政史上，国会第一次严格限定总统对外用兵权的法律，该决议为此建立起一套国会对总统对外用兵的监督程序，内容如下：

第一，总统须先获国会授权，方可进行对外战争。该决议第二款 C 项规定：除因美国及其领地、财产、武装力量遭受攻击而使全国陷入紧急状态之外，总统作为总司令，只有依照国会的宣战，或依照明确的立法授权，方可将美国武装力量投入战争，或投入情况表明战争必将爆发的危局之中。

第二，总统的用兵决策须与国会会商。该决议第三款规定：总统在美国武装力量投入战争或战争必将爆发的危局之前、投入之后，须尽一切可能地与国会保持会商，直到美国武装力量撤出为止。

为防人们对"会商"一词的误解，拟订战争权力决议的众议院外交事务委员会在其报告中专门指出："这里规定的会商指，对某问题的决策即将作出，总统请国会议员们提出建议和意见，并且，在适当的情况下还指，请他们（国会议员——引者）认可拟议的行动，此外，为了使会商富有意义，总统本人必须参加，与局势有关的一切情况都必须说明。"

第三，国会有权制止总统不宣而战。该决议第五款规定，国会有权以三种方式制止总统对外不宣而战的行动。其一，国会收到总统对外投入部队的报告后 60 天内拒不宣战；其二，在这 60 天内拒不制定法律，明确授权总统进行战争；其三，在总统未经国会宣战而将美国部队投入对外战争后的任何时候，国会两院均可通过无需总统签字的两院共同决议，迫令总统将美国军撤出战争。

第四，总统须及时向国会通报不宣而战的美军情况。该决议第四款规定：在未经宣战，美国军队即已被投入战争或必将爆发战争的危局之中等情况下，总统应于 48 小时内向众议院议长和参议院临时议长提交书面报告，说明：迫使投入美军的危急情况，总统诉诸宪法、法律赋予的哪些权力而投入美军，预计战争或危局的规模、持续时间。此外，在未经宣战美军即已被投入战争或必将发战争的危局中的整个期间，总统应定期（至少每 6 个月 1 次）向国会提交报告，通报战争状态、规模和持续时间；总统还须应国会要求提供其他所需材料，供国会行使将国家转入战争状态、对外使用武装力量这些宪政职责。

该决议第四款还规定，上述总统在行动开始后 48 小时内向众议院议长、参议院临时议长提交的报告应于同一天内送达，该报告应分别送给众议院的外交事务委员会、参议院的外交关系委员会。如果报告送达之日国会已经休会，且在三天内不会复会，众议院议长和参议院临时议长认为合适时，或者受两院各自 30% 以上议员要求，可联名要求总统召集国会开会，以便国会审议总统报告并采取适当行动。

1973 年战争权力决议旨在增强国会参加决定对外战争问题的能力，约束总统单方面对外用兵的权力。这一决议把国会从战争决策权的外圈推到了中心，以便能发挥应有的作用。从福特到里根虽没有一位总统对外用兵之前与国会会商，征得国会同意，但福特、卡特、里根三位总统都曾按照该决议的规定，及时向国会通报他们对外采取的军事行动。总的看来，这一决议试图约束总统单方面决定对外用兵的努力尚未成功，但它的确迫使总统们更多、更及时地向国会通报对外用兵的决策内幕，以更多地争取国会的支持。1991 年的海湾战争，美国总统布什在决定对伊拉克使用武力之前，正式请求国会通过一项决议，支持联合国安理会第 678 号决议。1991 年 1 月 12 日，国会两院分别以 52:47、250:183 票通过决议，正式授权总统对伊拉克动武。这是自 1973 年以来，国会第一次与总统分享了战争决策权。

（五）调查权

美国宪法条款中没有关于国会调查权的规定。但是，调查权被认为是国会的天赋权力，是国会行使职权时所拥有的正当工具性权力。美国国会因袭英国议会传统，把调查权视为立法权的一种附带权力，又因国会对联邦所有官吏拥有弹劾权，先行调查违法失职的事实，成为必要程序，所以联邦最高法院曾确认调查权为宪法赋予国会的潜在权力。美国国会第一次行使调查权是在1792年春，是就克莱尔将军出征印第安人而惨遭失败的原因进行调查，众议院设置了七人委员会，要求陆军部提供所有与那次远征有关的原始信件、命令和其他文件，并传有关人员到国会作证，从而查出了陆军部在军需等方面存在的管理不善、严重疏忽和迟延供应等问题。美国国会首次进行的此项调查活动，成为后来国会从事调查活动的先例。自那以后，美国国会从事调查的基本权力未再受到重大挑战。

美国国会早期的调查活动大都与传统的立法权有关，到了19世纪末，大部分的调查活动指向行政部门在民政和军事上的措施。后来，国会调查活动又开辟了新的领域，注重全国的经济和社会问题。

在1946年国会改组法通过前，案件的调查多数由拥有传唤权的特别委员会或特选委员会执行。调查完成后，委员会即告消失，传唤权也消失。随着常设委员会的增加，常设委员会不经特别授权即进行调查也成为惯例，只是须参议院或众议院特别通过才能获得经费或强制证人作证。1946年国会改组法授权两院常设委员会经常监督行政机构执行各委员会管辖范围内的各种法律情况。此外，该法还把永久传唤权授予参议院各常设委员会，并授权每届国会以1万美元给予各委员会作为调查经费。它还授权提供专业幕僚人员给各常设委员会。众议院在1974年之前有几个常设委员会有一般传唤权，如非美活动调查委员会，拨款委员会。1974年众议院把一般传唤权授予各委员会和小组委员会，使它们能强制证人出席作证，并强制有关方面提供委员会认为对调查有必要的书籍、记录及其他文件。但同时规定，委员会和小组委员会在发出传票前须获得多数委员同意，并报经众议院院会通过，才能强制执行。

为了保证国会的调查活动顺利展开，1857年立法规定：凡被国会传唤的证人，若拒不出席或拒绝作证者，得以藐视国会罪，处以1000美元以下罚金或一年以下拘禁，其时间不得超过国会的会期，1862 年，又通过一修正案规定，任何人均不得以"会使自己出丑或名誉扫地"为理由而拒绝向国会作证或提供文件。

第二次世界大战后，国会也多次设立特别调查委员会进行调查活动，但是多数重要的调查是由几个常设委员会或其所属的小组委员会进行，这些委员会或小组委员会是众议院政府工作委员会、参议院政府工作委员会、参议院司法委员会国内安全小组委员会、参议院政府活动常设调查小组委员会等。无论是特别调查委员会，还是常设委员会，从事调查的主要形式是听证会。这些委员会代表国会对政府进行广泛的监督，以保证国会通过的法案和拨款、项目或计划能得以有效执行。

（六）弹劾权

宪法关于弹劾权的规定，散见于第一条、第二条、第三条。第一条第二款规定：众议院拥有唯一提出弹劾案的权力；第一条第三款规定：参议院有审讯一切弹劾案的全权。因审讯弹劾案而开庭时，全体参议员均应宣誓或作出正式证词。合众国总统受审时，最高法院首席法官应为主席。无论何人，非经出席参议员三分之二人数的同意，不受定罪的处分；第一条第三款规定，弹劾案的判决，以免职及剥夺担任或享受合众国的荣誉职位、信用职位或有酬职位的资格为限。但被定罪者仍然要依照法律的规定受起诉、审讯、判决及惩罚；第二条第二款规定：总统有权批准关于背叛合众国的罪犯的缓刑和赦免，唯弹劾案不在此限；第二条第四款规定：合众国的总统、副总统及所有其他文职官员，被弹劾并被判处叛国罪、贿赂罪或其他严重的刑事犯罪或轻罪时，应罢免其职务；第三条第二款规定：弹劾案无须陪审程序。

从上述宪法条款中可以看出如下有关弹劾权的基本内容：首先，弹劾权的实施程序分为两个阶段，一为众议院提出弹劾案，一为参议院对弹劾案的审判和裁决。众议院在行使该项权力时，一般采取两个步骤：由众议院司法委员会作出调查并提出报告后，众议院首先审议弹劾案。如果弹劾案获得通过，众议院案对弹劾条款的细节进行投票表决，通过或拒绝批准弹劾案。如经决议弹劾，当另通过弹劾罪状，移送参议院审判，并推选众议院代表出席参加审判。其次，弹劾的对象是总统、副总统及所有一切文官。所有"一切文官"是指外交官员、内阁人员及联邦法院的法官，且是高级文官。再次，对于被弹劾的罪行，以犯有叛国罪、贿赂罪、严重刑事犯罪或失职为限。最后，弹劾案的审判的处分，以免职和剥夺将来再担任文官资格为限。但弹劾案的处分外，如仍有其他罪者，普通法院可予以审判处刑。弹劾案的处分，不适用于总统的赦免权。可以说，弹劾权是国会拥有的具有司法性质的最具权威的却又极少运用的政治武器。

（七）监察长制度

除议会亲自行使的监督权之外，美国国会还拥有一支力量为它监督政府，这就是驻各个行政部门的监察长。1978 年，国会通过《监察长法》，分别在十几个部门设立了监察长办事处，负责对政府各部门的财政进行审核及调查工作。这里对美国监察长制度加以详细阐述：①

1. 监察长的组成及职权

根据美国监察长法，监察长由总统任命，并经国会参议院同意，向总统和国会负责。总统罢免监察长必须向国会说明理由并加以证明。监察长负责监察处的全面工作，并向国会、总统及所在行政部门首长提交工作报告。他有权任命自己的下属工作人员。各部门监察处一般下设有稽核部和调查部。根据各部门大小不同，监察处人员数量也不一样，同时各处分配人员也不一样。因为监察处职责是对所在部门的大量工作进行审计检查。因此，稽核部人员占有很大比例。例如外交部监察处有 236 人，其中调查部有 35 人。

监察处作为政府机关内部的防贪肃贪机构，主要是为了杜绝贪污、讹骗、浪费、滥用职权，保证财政合理合法地支出，并促使行政效率的提高。因此，监察长在所在部门负责有两方面职能：一是对财政的公共计划支出进行审核，防止有侵吞、讹骗及浪费现象；二是对发现的各种不合理不合法的财政支出进行调查取证，并提出相应改进建议。

2. 监察长的工作方式

为了防止和调查政府财政违法现象，监察长主要是通过下列方式开展工作：

---

① 参见刘明波主编《国外行政监察理论与实践》，山东人民出版社 1989 年版，第 221—225 页。

制订监察计划。监察长每年年初都根据所在单位和财政支出方向及与外界交往工作的情况，制订出监察处的审计监察计划，凡涉及资金数额较大的项目，事先列入审计监察重点。从而做到心中有数，有计划监督。

跟踪检查。监察处稽核部对于政府机关的每项财政支出计划执行以及整个过程中行政活动的每个环节，都进行审计检查。

审查承包商。对那些政府公共财政支出的承包商、承让人或其雇员的活动，监察处有审查监督的权力，并从中查找政府机关内部是否有舞弊现象。

情报内部移交。监察处的稽核工作人员与调查工作人员密切配合。如稽核人员发现有舞弊及违法现象，便及时把有关材料转交给调查部，调查人员立即进行调查取证。

案件调查。为了调查案件，监察长有权索取、查阅有关机构内部的档案、文件、记录、报告及其他材料。为了使调查工作能顺利进行，监察长有发出调查传票的权力，传票要求有关人员提供情况。

设立举报电话。每个监察处都设有一部以上的举报电话，即"热线"电话。接受有关对政府工作的检举并根据情况组织相应的调查。美国政府为了鼓励人员积极进行举报，还特别制定了"检举控告及保护法"。

接受各犯罪调查局转来的有关刑事指控，并组织人力对此进行调查，从而配合调查局的反贪工作。

提交报告。对于重大案情，监察长有及时向国会、总统报告的权力。并且，每半年监察长还把他所在单位开展工作情况向国会提交综合报告。这对政府机关及其工作人员形成很大威慑力。

建议。监察长通过进行财务审计和有关案件的调查，可以把从中发现的行政管理中存在的不良环节及改进建议提交给行政首长。行政首长必须在 30 天内给予答复。从而有利于行政效率的提高和行政管理的完善。

惩戒转交。监察长如认为某官员只触犯了行政纪律，便把其案情转给行政首长给予办理；如认为其行为已触犯刑律，便把有关案情移交相关部门，进行控诉与审判。

3. 监察长的特点

作为整个国家依法反贪肌体的一部分，监察长具有以下几个特点：

第一，属于政府内部监察反贪机关。区别于行政外部的监督机关，如参议院的行政监督委员会、众议院道德委员会、联邦调查局等，监察长作为政府机关内部监察反贪机构，有着他有利条件的一面。因为现代政府的发展，不仅部门、人员、职能大量增加，而且其活动越来越专门化、技术化；不仅有行政管理权，还逐步具有和扩大了委任立法权、司法权。这些都给外部监督机关带来一定难度。他们不仅缺少有关内部稽核知识，而且对行政内部事务、资料也不甚了解。监察长在这些方面则显示出其本身的优势，他们了解和熟悉行政业务及其方法、程序等，只要有独立的地位和职权，免遭行政机关的影响，开展起工作就非常顺利。

第二，地位与职权独立。美国国会在设立监察长之初，就已认识到它独立性的必要。因此，监察长法案最显著的特征就是给予监察长独立的地位和权力。例如，监察长直接向其上级首长负责，独立行使职权，不受任何干扰。

监察长由总统委任，并由参议院确认。监察长的任命与他的政治派系无关，而只有总统才可以将他罢免。

没有人可以阻止或制止一个由监察长提出、执行或完成的任何审核或调查，也不可以阻止或制止他作出任何审核、调查或有关的报告。

没有人可以阻止或制止监察长有权发出提供证据和收集资料的传票。

监察长有权阅读有关机构的记录、报告、核数记录、检讨报告、文件、建议书及其他资料。

监察长可随意向国会报告任何事项而不受有关机构限制，因为有关机构可能会影响或改变要报告事项的主题。

监察长可以订立服务合约，亦有权在可用的资源内选择、委任和聘用所需的人员和雇员执行有关任务。

作为行政机关内部的监督调查机关，监察长的独立性具有重要意义。监察长的独立地位和职权保证了他以司法公正面貌来行使职权。

第三，地位较高。作为行政机关内部制约机制，监察长的地位很高，直接向行政首长（部长或独立机构局长）负责，统一领导各局、司、办的监督检查工作。监察长和本部门的法律总顾问、副部长处于同一行政级别上。

第四，监察工作人员训练有素。监察长自设立以来，之所以做出许多成绩，与其工作人员训练有素分不开。因为多数欺诈舞弊案都以官商勾结、相互受益、牺牲国家财产为特征，双方串通、手法十分隐蔽。特别是在公共工程承包中，承包商通过给有关政府官员好处，如雇用其亲属为自己职员、提供贿款、回扣、旅游等，而以虚假服务、投标作弊等获取国家财产。因此，监察长在任命和雇用下属的时候，不仅要求学习有关专业知识，如审计、法律等；而且注意从有关部门雇用人员，如联邦调查局、会计局、财政部等单位人员，他们大多具有监督调查的丰富经验。同时，还对在职人员进行经常性的有关知识经验的训练，如有关部门的商务活动步骤、工程立约及采办程序，本部门监督技巧等。

通过有关稽核及调查知识、经验的训练，提高了工作人员的业务素质，对于有效开展工作有很大帮助。

美国国会设立监察长制度以来，通过对政府活动的监督检查、提建议，对不断地提高政府的工作效率起到了一定作用。可以说，监察长制度的设立又为国会监督政府多了一只眼睛。

第三章

西方议会监督机制

在前面章节里，分析了西方议会监督权的来源和基础，可以说，无论从思想理论上，还是从法律规范或是从实践上看，西方议会监督权的存在都有了充分的支持性论据（我们暂且不论这些论证是否科学、是否合乎实际）。同时也分别阐述了主要西方国家的议会监督权的内容。那么，议会监督权在政治生活中是如何得以实施的呢？或者说它的具体运行状况是怎样的呢？这一问题应该是更具现实意义的。在这一章节中将首先界定议会监督机制的概念，以此为起点，对议会监督机制中涉及的诸多问题进行分析和论述。

一　议会监督与议会监督机制

对概念的界定与厘清是分析、论证问题的前提。但是对于有关概念，由于界定者的视角不同，对概念的界定是多种多样的，在笔者的这一研究课题中，议会监督的概念相对宽泛一些。这里略加说明。

（一）监督与议会监督

"监督"一词，《辞源》中解释为"监察、督促"，监是"自上临下，监视"的意思。《辞海》中也解释监是"监视；督察"。监督是"监察督察"的意思。台湾《中文大辞典》中解释监是"监临下也"、"察也视也"，"监察也"，监督是"监视督促也"。英文中 Supervise, oversee, superintend, surveilance, oversight, control, 都有监督的含义。在英文著作中，最常用的是 supervise, control, 但其他也较常用，这些词的含义较广泛，包括：监视、监管、监察、检查、控制等。美国两名教授 Jewell 和 Patterson 在其著作《美国立法制度》中认为，国会负有监视（oversight）、监督（supervision）以及监管（control）的责任。他们指出："一个议员密切注意和从而熟悉行政机关的组织和政策的执行，又或一个委员会运用接触、观察和调查而成为对行政机关活动的守夜狗（watchdog），我们可把这种立法机关对行政机关的关系，名之为监视。如果议员和委员会的影响力介入行政政策的形成和实施，从而变更它的重点和优先，这种关系，我们名之为监督。假使立法机关直接指导行政机关的组织和政策，或后者须持立法机关的核准，我们把这种关系名之为监管……举例以明之，众议院的武装部队委员会，可视为监视委员会，拨款委员会享有监督的权利，而两院的联合组成的原子能委员会，乃是一个监管委员会。"①但这种界定也不具有权威性，事实上，国外著作中对这几个词基本上是混用的。由此可见对监督的词的明确界定较为困难。这里，笔者把监督定义为：一定的主体为了达到其控制客体的目的而采取的各种方式和措施，它包括检查、监视、批评、督促、控制、纠正等。这一定义是从广义上来解释监督一词的。从这个定义中我们可以这样分析：（1）监督是监督主体或监督者的一种控制活动。（2）所谓控制是指通过监督活动使被监督者的活动、行为或者观点、思想能够纳入监督者所设想的轨道，符合监督主体的意愿、观点。（3）控制既然是目的，那么为达到这一目的可以运用多种多样的方法、手段，因此，监督的方式、手段是多种多样的。

议会监督就是指议会或称国会（即权力机关）对政府及行政系统所实施的检查、监视、批评、制约等行为，其目的在于实现对政府行政系统的政治控制，使政府及行政系统的行为能符合立法目标，符合民意，从而体现议会至高无上或者议会作为民意机关的权力、地位和作用。因此，议会监督的主体是权力机关，监督对象或客体是政府及行政系统（本论文限于国家权力机关对中央政府及中央行政系统的监督，不包括地方议会监督问题）。议会监督的目的在于达到对行政的政治控制，议会监督的手段是多种多样的。

---

① 转引自陶百川《比较监察制度》，三民书局1978年版，第363页。

（二）机制与议会监督机制

机制一词在辞源中是指机器的构造及其自动装置或工作原理。这一概念原是在自然科学研究中运用的，现在已广泛应用于社会科学的研究。政治学研究中也常常用机制一词来描述政治现象或政治活动，如政治机制、政治决策机制、权力运行机制、议会监督机制、政治竞争机制等。我们把这一概念引进政治学中来，就意味着要从政治现象的整体上去考察其运动的规律。[①] 也就是把政治现象作为一种活的有机体，来研究它为什么能够运行起来和怎样运行的，即怎样在其内部各有机组成部分的相互影响、相互作用、相互配合的条件下运行起来的，以及它在运行中同外部其他事物之间的相互作用的状况。因此，政治机制就是要研究在政治过程中政治现象的各个侧面和层次的整体性的功能及其规律，包括其运行所依据的原理和原则，运行过程的状况及运行中各个侧面或部分之间的交互作用以及和政治系统之外的其他要素之间的交互作用等。

议会监督机制就是关于议会监督的结构、功能、工作原理，以及与外部系统的交互作用关系。也就是议会在行使其监督权的过程中的运行状态。议会监督是议会民主政治的最重要的组成部分，是西方议会最重要的职责之一，西方议会经过几百年的发展，其监督职能逐渐加强，制度日益完善，手段也已多样化，议会监督的效果也明显增强。西方议会监督是体现在现实政治生活中实实在在的政治活动，研究议会监督制度，就必须着眼于议会监督的具体运行状况，不能一味地从理论到理论，从抽象概念到抽象概念，"使人们对政治现象的理解陷入抽象化和概念化，从而使政治学理论的研究越来越脱离实际，也就是越来越离开科学"。[②]有鉴于此，在本章节中，我将从以下几个方面着手剖析西方议会监督机制，即：议会监督主体分析；议会监督客体及范围；议会监督机制分析。

---

① 参见李景鹏《权力政治学》，黑龙江教育出版社 1995 年版，第 203 页。

② 同上书，第 204 页。

二　主体——议会监督权的实施者

　　议会监督主体是指从事议会监督的行为者。也就是在议会监督过程中处于支配和主导地位的行为者。从法律的角度来界定这一概念，议会监督主体是议会监督权利和议会监督义务的承担者。那些被法律赋予一定的议会监督权利和义务的政治主体才是议会监督主体。

（一）议会

　　从法律角度讲，西方国家的议会（或叫国会、国民议会）是享有宪法赋予权力的唯一的法定的监督政府及其行政系统的主体。西方各国宪法都对议会的这一权力加以明确规定。（这在前一章节已论述过）

　　从政体上分析，西方国家目前典型的政体形式有三个：即内阁制、总统制和委员会制。内阁制，是内阁总揽国家行政权力并对议会负责的政体形式。这种政体形式上是议会至上，议会是国家政治活动中心，国家最高权力机关，享有立法、组织内阁和监督内阁的权力。内阁由议会产生，并对议会负责，内阁首脑和部长（大臣）需定期向议会报告工作，接受议会的监督。政府对议会负责，接受议员的质询，解释政府的政策和决议。当议会对政府的政策或政治行为赞同时，政府才能继续执政。当议会通过对内阁的不信任案，或否决内阁的信任案时，内阁必须总辞职，或者内阁首脑提请国家元首下令解散议会，诉诸选民，提前举行议会选举，由新议会决定内阁的去留。目前，英国、日本、德国、意大利、奥地利、希腊、印度、新加坡等都实行内阁制政体。总统制政体有两种，美国典型的总统制和法国半总统制。总统制政府实行立法、行政、司法三权分立和权力制衡原则，就国会与总统的权力关系而论，是一种彼此独立而又相互渗透与制约的关系。总统和国会分别由民选产生，总统行使行政权，国会享有立法权，但宪法条款又规定了两者的制约关系，从国会这方面讲，国会依据宪法授权，可以在许多方面监督总统及其行政系统。法兰西第五共和国实行的是半总统制政体。在这种体制下，总统权力明显扩大，而议会权力严重减弱，并受到严格限制。在这种体制下，在形式上设有两名行政首脑，经全民投票当选的总统既是国家元首，又掌握行政权，政府还设有总理；

政府不对总统负责而对议会负责，议会可以谴责政府，当议会通过谴责案即不信任投票案或否决政府的施政纲领或总政策声明时，总理必须向国家元首提出政府总辞职；总统掌握实际统治权，但他不对任何机关负责。法兰西第五共和国时期修改后的宪法，议会权力与第三、第四共和国时期的议会相比明显削弱。总统由公民直接普选。总统任命内阁总理，不必经议会的同意；内阁仍对议会负责。议会仍以立法权、预算权及质询权监督内阁，但议会对于这些权力的行使，受限制很多。议会如否决了内阁的信任案或通过了对内阁的不信任案，内阁应立即辞职，但是，如果内阁不主动提出信任案，议会对内阁提出不信任案则较为困难，因为限制较多。委员会制又称合议制，是指国家最高行政权不是集中在国家元首或政府首脑一人手中，而是由议会产生的委员会集体行使的一种政权组织形式。瑞士是世界上唯一一个长期实行委员会制的国家。在这种体制下，委员会由议会选举产生，它实际上是议会的一个执行机构，议会不可以变更或撤销委员会的决定和措施，委员会必须服从议会的决定。从内阁制、总统制、半总统制、委员会制这几种政体的结构形式中我们可以得出这样的结论：内阁制下的议会是至高无上的，它享有对内阁及行政系统的直接的合法的监督权，尽管这种权力有时是形式上的。委员会制下的议会实际上是一个彻底的议行合一机构，议会把委员会作为自己的执行机构，对其能够完全左右。总统制下由于体制上是三权分立的，国会与总统、最高法院并列为国家机关，它在国家权力结构中的地位要低于内阁制和委员会制国家的议会，但即使如此国会也充分利用宪法条款所规定的权力尽可能发挥自己的作用，对总统及行政系统加以制约和监督。半总统制的法兰西第五共和国国民议会对政府的监督权的确是严重被削弱了，但在一定程度上也能够起到对政府的制约和监督作用，毕竟它是民意机构。由于西方各国政体的不同，体现监督权的议会主体也有不同。英国主要是下议院，日本、意大利、德国是参议院、众议院，法国是国民议会，美国是参议院、众议院。

　　应该指出的是，西方国家的议会在行使其监督政府及行政系统的职权时，最初阶段都是以议会整个组织进行活动的。随着政府及行政系统职能的增加，行政权的扩大，行政机构和人员的增长，行政活动手段的多样化和复杂化，议会监督的任务日益繁重，困难也增加，手段方式陈旧等，于是西方各国议会开始改革以逐步适应社会政治生活对议会监督所提出的更高要求。最为明显的就是议会权力的分散，议会监督权由两院（或一院）行使向其他机构、组织转移。如：委员会、小组委员会、议会通过法律成立的独立机构等。

（二）委员会——议会监督活动的主要承担者

西方议会中的委员会制度最早起源于英国，当今西方各国都采用委员会制。但由于各国体制的差异、国情的不同、习惯的各异，委员会制有较大差别，但有一点是共同的，即各国议会监督权大部分是通过各种委员会来行使的。各种委员会承担了监督政府及行政系统的主要任务。这里以英国、日本、美国为例说明之。

1. 英国　英国下议院设有五种委员会，即常任委员会（Standing Committee）、特别委员会（Select Committee）、联合委员会（Joint Committee）、全院委员会（Committee of Whole House）、私案委员会（Private Bill Committee）。在这几类委员会中，特别委员会主要承担监督职能，它是下议院为查核一案件或解决一问题而设立的委员会，其功能是研究调查交办事项，然后向下议院提出报告。这类委员会中有三种情况。一种是专门为调查某一问题设立的，工作完毕后即撤销。一种是根据议事法规设立，属长期性，如：支出委员会、决算委员会。一种是会期性，每一会期重新推选。近几十年中，特别委员会不断增加，对政府的监督作用不断增强。例如 1979 年以后下议院成立了 14 个委员会，分别负责监督某个部门，如表 3—1 所示。

表 3—1　　　　　　　　　1979 年以后下议院的特别委员会①

委员会	主要有关的政府部门
农业	农业、渔业和粮食部
国防	国防部
教育、科学和技术	教育和科学部
就业	就业部

---

① ［英］约翰·格林伍德：《英国行政管理》，商务印书馆 1991 年版，第 258 页。

续表

委员会	主要有关的政府部门
能源	能源部
环境	环境事务部
外交	外交和联邦事务部
内政	内政部
工业和贸易	贸易工业部
社会福利	卫生和社会保险部
交通	交通部
财政和文官	财政部、国内税务部、人事 管理处、关税和货物税务部
威尔士事务	威尔士事务部
苏格兰事务	苏格兰事务部

　　特别委员会的任务主要是调查研究。它有权调阅档案、传讯人员，但是没有执行权。在质询证人时，常要求证人起誓，如提供伪证，要以伪证罪追究刑事责任。在获取了必要的证据之后，经过开会讨论，特别委员会便向议会提交报告，提出有关结论和建议。由于这些报告建立在大量查证的基础上，有的放矢，议会一般较为重视。有一些特别委员会是为了帮助议会对政府有关部门进行监督（主要是指上述的 14 个委员会）而设立的。这些部门委员会有权检查相应的政府部门及其所属机构的开支、行政和政策等。为了便于特别委员会开展工作，下议院准许其设立小组，指定数目，但多数由委员会自行决定数目与人数。如在特别委员会中，支出委员会下设有 6 个小组，每组 9 人，其他委员会也有设立者。近些年来，特别委员会在议会中的作用日显重要。

　　2. 日本　根据日本《国会法》，除预算、决算、议院运营及惩罚 4 个委员会外，其余都是针对政府行政部门而设置的，参众两院中 16 个委员会，且名称完全一样，职权大体也相同。如表 3—2 所示：①

---

① 陈水逢：《日本政府与政治》，黎明文化事业公司 1984 年版，第 317—324 页。

表3—2

委员会名称	各委员会人数		各议院职掌	
	众议院	参议院	众议院	参议院
内阁委员会	30	20	①属于内阁所管事项②属于人事院所管事项③属于宫内厅所管事项④属于调达厅所管事项⑤属于行政管理厅所管事项⑥属于北海道开发厅所管事项⑦属于防卫厅所管事项⑧不属于其他常任委员会所管而属于总理府所管事项	①有关皇室事项②有关国家行政组织事项③有关国家公务员事项④有关恩给事项⑤有关国家防卫事项⑥有关荣典事项⑦有关一般统计调查事项
地方行政委员会	30	20	①有关地方公共团体事项②属于自治省所管事项③属于公共委员会事项	①有关地方公共团体事项②有关地方行政事项③有关地方财政事项④有关选举事项⑤有关消防事项
法务委员会	30	20	①属于法务省所管事项②有关裁判所之司法行政事项	①有关民事、刑事及其他司法法规事项②有关司法制度及司法行政事项③有关检查事项④有关裁判官及检查官事项⑤有关辩护事项⑥有关行刑事项⑦有关赦免及更生保护事项⑧有关人权之保护事项⑨有关国籍、户籍、住民登录、公证、登记及供托事项⑩有关出入境管理及外国人登录事项⑪有关国家利害关系之诉讼事项⑫有关管制破坏团体之事项
外务委员会	30	20	属于外务省所管事项	①有关外交事项②有关条约事项③有关国际会议及国际机构事项④有关海外侨民及海外商务事项⑤有关出国及移民事项⑥其他关于国际关系事项

续表

委员会名称	各委员会人数		各议院职掌	
	众议院	参议院	众议院	参议院
大藏委员会	40	25	属于大藏省所管事项（属于预算委员会及决算委员会所管事项除外）	①有关国家会计事项②有关国家租税事项③有关国债事项④有关国有财产事项⑤有关专卖事项（酒精专卖除外）⑥有关通货事项⑦有关外汇事项⑧有关银行、信托、保险、无限责任公司等其他金融事项⑨有关证券交易事项⑩有关企业管理事项
文教委员会	30	20	①属于文部省所管事项②属于教育委员会所管事项③属于日本学术会议所管事项	①有关教育及教育制度事项②有关宗教事项③有关学术事项④有关艺术、文化及其他文化事项⑤有关国语著作出版事项⑥有关体育事项
社会劳动委员会	40	20	①属于厚生省所管事项②属于劳动省所管事项	①有关社会福利事项②有关生活保护事项③有关保健及卫生事项④有关社会保险事项⑤有关劳动条件及劳动者保护事项⑥有关劳动组合事项⑦有关劳动关系的调整事项⑧有关职业安定事项⑨有关归国者及复员事项⑩有关人口问题事项

续表

委员会名称	各委员会人数		各议院职掌	
	众议院	参议院	众议院	参议院
农林水产委员会	40	25	属于农林省所管事项	①有关农业事项②有关畜产业事项③有关林业事项④有关蚕丝业事项⑤有关水产业事项⑥有关食粮事项⑦有关农地及开拓事项⑧有关渔港及渔船事项⑨有关农林水产业事项⑩有关农林水产团体事项
商工委员会	40	21	①属于通商产业省所管事项②属于经济审议厅所管事项③属于公正买卖委员会所管事项④属于土地调整委员会所管事项	①有关商业事项②有关贸易事项③有关工业事项④有关中小企业事项⑤有关电气、瓦斯及原子能事项⑥有关度量衡及计量事项⑦有关发明、实用图案及商标事项⑧有关酒精专卖事项⑨有关经济总合计划事项⑩有关公正买卖事项⑪有关商工业保险事项⑫有关商工团体事项
运输委员会	30	20	属于运输省所管事项	①有关陆运事项②有关水运事项③有关航空事项④有关港湾事项⑤有关船舶及铁道车辆事项⑥有关船员事项⑦有关海上保安事项⑧有关海难审判事项⑨有关观光事项⑩有关仓库事项⑪有关气象事项

续表

委员会名称	各委员会人数		各议院职掌	
	众议院	参议院	众议院	参议院
递信委员会	30	20	属于邮政省所管事项	①有关邮便事项②有关邮便贮金、邮汇及邮便转账贮金事项③有关简易生命保险及邮便年金事项④有关电气通信事项⑤有关电波监理事项⑥有关广播事项
建设委员会	30	20	属于建设省所管事项	①有关国土计划、地方计划及都市计划事项②有关道路、河川、海岸、公有水面、运河及沙防事项③有关水防事项④有关土木、建筑及住宅事项⑤有关土地收用事项⑥有关测量及地图事项
预算委员会	50	45	预算	预算
决算委员会	25	30	①决算②有关预备支出之承诺事项③国库债务负担行为总调查录④国有财产增减及现在额总计算书并无偿贷付状况总计算书⑤其他属于会计检查院所管事项	同左
议院运营委员会	25	25	①有关议院运营事项②有关国会法及议院诸规则事项③有关议长咨询事项④有关弹劾裁判所及追诉委员会事项⑤有关国立国会图书馆事项	①有关议院运营事项②有关国会法及其他议院之法规事项③有关国立国会图书馆之运营事项④有关弹劾裁判所及追诉委员会事项
惩罚委员会	20	10	①有关议员惩罚事项②有关议员资格争讼事项	有关议员惩罚事项

各常设委员会为了审查法案的便利，可分设小组委员会，将其所属委员会分为数科，而参议院在分科之中，便可设置小组委员。根据《国会法》第四十五条第一项规定：各议院，因审查该议院所认为特别必要的案件，或审查不属于常任委员会执掌的特定案件，得设特别委员会。其设置不论为议长或议员所提议，必须经院会的议决，委员人数也由议院在设置时议决，其任务完成时，即行结束。

3. 美国 美国国会的委员会制度经过二百多年的发展已经相当完备。美国国会委员会分四类，第一类是常设委员会（Standing Committee），第二类是特别委员会（Select or Special Committee），第三类是由人数相等的参众议员组成的联合委员会（Joint Committee）；第四类是两院协商委员会（Conference Committee）。这四类委员会中，两院协商委员会的职责是解决参、众两院通过的议案在文本上的分歧，使其完全一致。联合委员会主要负责国会的调查、研究和监督活动，不能向国会提交议案。例如，内战和重建时期，两院联合委员会调查政府指挥战争的情况和战后南部各州的重建，为国会制定战时立法和重建立法搜集材料；1937 年，两院设立联合委员会，调查政府的改组情况；1941 年，两院设立联合委员会，调查政府开支。特别委员会是参众两院议长为某一特定目的而决定设置非永久性委员会，其寿命大都不超过每届国会期限，它们一般无权向整个参议院或众议院提交议案。如关于"伊朗门"事件的特别调查委员会。

常设委员会是最重要的，它们分别负责诸如税收、预算、防务、外交和其他方面的立法工作。常设委员会的数目每届国会都不同，第 100 届国会（1987—1988）中，参议院共有 17 个常设委员会，众议院有 23 个。它们当中最重要的有参议院拨款、财政、军事、外交委员会和众议院的拨款、筹款、能源、规则委员会。常设委员会的职权除了审议议案、提交议案外，它在立法以外的其他重要领域里尤其是监督方面发挥着重要作用，国会对行政部门的监督也主要是通过委员会进行的。美国政府各部门在国会都有与其相对应的、对其实行监督的委员会（许多委员会还设有专门的监督小组委员会）。监督主要方法有：制定政府机构在工作中必须遵守的法律；传讯政府官员，调查他们的活动；行使宪法赋予的批准高级联邦官员任命的权力和制定诸如工资、劳动条件、就业条件、就业保险等有关法律并对政府机构的人员构成产生影响；控制政府各部门的预算支出。

需要指出的是，1946 年国会改革法大大压缩常设委员会数目，每一个委员会的工作量更重，各委员会便纷纷设立自己的小组委员会分担议事和监督任务。自 1946 年到 70 年代的国会改革，小组委员会已形成较成熟的制度。小组委员会不仅可以审议法案，也可以从事调查、听证，享有监督权。小组委员会的监督主要是对它所在委员会对应的政府部门的某一或某几方面的工作、活动执行监督，这使议会监督政府的工作更加细致，更加便利了。

（三）议员——议会监督的主力军

议员是议会的组成人员，议员作为选民的代表，负有表达民意，履行议会职责的义务。监督政府是议员的一项重要权利和义务。议员往往通过提出议案、参与辩论、调查、提出质询案、参加表决等方式履行对政府的监督职责。他们是议会监督活动的核心力量，是主力军。

（四）议会党团——议会监督活动策动者

议会党团是指议会内属于同一政党或属于几个政党的政治倾向相同的议员组成的集团，它是政党在议会中进行活动的重要领导者和组织者。议会党团的任务是贯彻本党的纲领和政策，统一本党议员在议会中的步调。议会党团在监督政府方面的作用主要有：对政府的总政策提出意见，提出否决政府施政纲领的动议，提出对政府不信任案或质询案的动议等，要求成立并参加议会调查委员会。议会党团的上述作用在内阁制下较为明显，而在总统制下，议会党团的作用较弱。

除上面从事议会监督的四个主体之外，还有可称为准主体的组织和人员。它包括：议会的专门监督机构。如瑞典的议会行政监察专员（Ombudsman）、英国的议会行政监察专员（Parliamentary Commissionen for Administration），这类机构是专门从事监督的机构；议会的辅助机构。如美国国会会计总局，始建于 1921 年，它除对行政部门各机构的开支进行例行的审计外，也对行政机构和政策进行调查，几乎对政府工作的每个方面提出建议。它还直接应国会、国会委员会和议员的要求进行专题研究。正

如李道揆在《美国政府和政治》一书中指出的那样，实际上会计总局是
国会的仆人，常被称为行政机构的"监察者"，监督行政机构的开支和评
价它们的计划；议会委员会工作人员和议员私人助手。随着监督任务的增
加，许多工作由这些工作人员和私人助手承担。可以说，没有这些工作人
员和助手的工作和帮助，议会监督工作就寸步难行。

三　议会监督客体及监督范围

从以上的论述可看出，议会监督主体享有较为广泛的监督权。那么，
议会监督主体对谁进行监督呢？在哪些方面进行监督呢？这就是监督客体
和监督范围的问题了。

（一）监督客体

监督客体也叫监督对象，是议会监督主体监督权所指的对象。它是监
督权得以实施的必要条件。没有监督客体的存在，监督权便无着落点，监
督权便成为空洞的没有实际意义的权力。

从总体上讲，议会监督客体是政府及行政系统。但这样讲过于笼统
了。具体分析，由于西方各国政体的差异，监督客体也不一样。

1. 议会制国家的议会监督客体。主要指英国、日本、意大利等国。
这种类型的国家有一个共同的特点，就是实行责任内阁制，议会是最高国
家权力机关（事实上或形式上），议会监督权较为广泛。概括起来，监督
客体主要有如下几个：

内阁。包括首相（或称总理、内阁总理大臣）和内阁成员及各部
大臣。

政府各部门及其所属机构。几乎所有的政府部门在议会中都有相应的
或相关的专门委员会对之加以监督。各部所属机构也受到议会所设立的辅
助机构或专门的监察机构的监督。

2. 总统制国家议会监督客体。以美国为例，美国国会监督的客体比
议会制国家议会监督的客体要多。主要有：总统；副总统；经参议院建议
和同意由总统任命的人员，包括内阁成员及其他一切文官（主要指高级
文官）；总统办事机构及其人员；联邦各行政机构及其人员；联邦各个独

立的委员会、局、署及其人员。

（二）监督范围

监督范围是指监督权行使的界线或区域，也就是说议会监督主体在哪些方面或哪些区域对监督客体的行为进行监督。

从宪政理论上讲，议会制国家的议会是"至高无上"的，是最高权力机关，它理所当然有权对政府和行政机构及其人员的各种活动进行监督。总统制国家，国会拥有立法权，国会的监督权涉及的范围应当与立法权涉及的范围一样宽泛。从各主要西方国家的监督实践来看，由于政府行政职能的扩大，机构的增加，人员的膨胀，政府行政活动范围日益扩大，复杂性也日益增加，议会为适应这一形势的变化，不断完善其监督职能，增加监督机构和人员，健全监督体制、完善监督法令，使议会的监督权涉及的范围日益拓宽。这里分层次加以概述。

1. 政府政策。包括国内政策、外交政策。
2. 政府决策。尤其是政府就国内外问题进行的重大决策。
3. 政府行为。如军事行为、戒严行为、外交行为（缔结条约等）。
4. 政府行政机构财政活动。预算、决算、日常支出活动。
5. 行政机构对项目、计划的执行情况，对拨款的使用效能等。
6. 政府官员的行为。包括渎职、失职、越权等违法行为，以及违反道德规范的行为。
7. 行政机构的日常行政管理活动。如行政效率状况等。
8. 政府改革活动。机构改革、人事制度改革等。

四　议会监督机制分析

议会监督机制是要解决监督权如何运作的问题，前面章节已分别论述了西方各国议会监督权的内容，这属于静态的描述。监督主体如何运用监督权对监督客体的行政活动进行监督的呢？其监督程度（过程）、监督动力是什么呢？这属于动态的分析。这里我就监督机制这一问题加以分析。

议会监督机制是监督主体在诸多动力因素的作用下按一定规则、一定程序不断作用于监督客体的循环往复的过程，如下图所示：

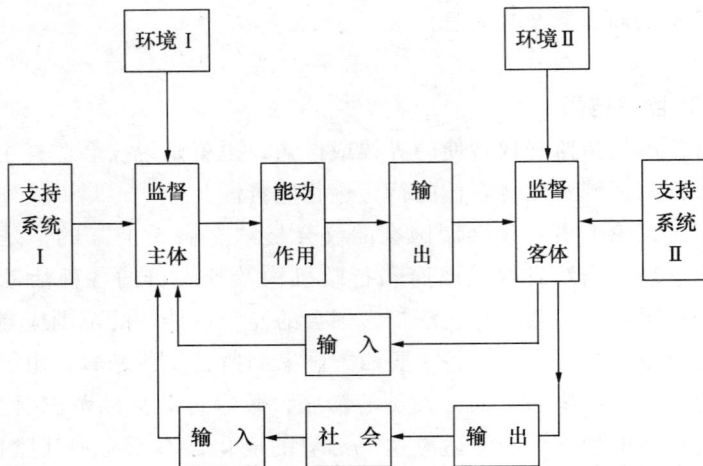

注：环境Ⅰ是指议会的外部环境条件；环境Ⅱ是指行政系统的外部环境条件

支持系统Ⅰ是指支持议会监督运作的基础条件，包括资金、人员、物资设备、机构、手段等。支持系统Ⅱ是指保障行政系统运作的基础条件，也包括资金、人员、物资设备、机构组织、措施手段等。

上图是把议会监督视为一个子系统。在其运作过程中该子系统要分别受社会意识系统、政治系统、经济系统等外部系统的影响，同时该子系统内部各因素之间也相互影响，在各系统各因素的互动中促使议会监督系统正常运作，可以说，议会监督运作好像一部机器，它的机制是十分复杂的，但它的机制远比一部机器复杂，因为它的运作过程中涉及许多偶然因素，许多是不可把握不可能预测到的因素。因此，要对议会监督机制进行准确的描述和全面的分析是不可能的。这里我准备就以下三个问题进行阐述：

第一，议会监督的内在动力是什么？第二，议会监督主体的结构与功能转化的机制怎样？第三，议会监督主体的结构功能如何转化为实际行为的？

（一）议会监督的内在动力分析

议会监督是一种政治现象，既然是政治现象，它就具有政治现象所表现出的特征。"任何政治现象都表现为一定主体的一定行为以及主体之间的一定关系。"① 构成政治现象有三个基本要素，即政治主体、政治行为和政治关系。这三个基本要素都是以权力现象为纽带而不可分割地联系在一起的。"在实际政治过程中，两个或几个政治主体之间之所以会形成这样或那样的政治关系，归根到底是由于政治权力的支配的要求决定的。而政治主体之间的政治行为，正是政治权力支配要求的实现。"② 政治权力之所以成为三个要素互相关系的纽带，是因为它对于三大要素本身的渗透，从而变成了三大要素自身存在和发展的内在动力。议会之所以能成为监督主体，就是因为它拥有了监督权。议会在拥有监督权成为监督主体之后，便产生了去监督客体以实现其利益的要求，从而就在监督主体中产生了一种向行政系统输出能量和信息的趋势，进而使监督主体与监督客体结成一定的监督与被监督关系成为可能，在一定条件下使这种关系成为现实。这样，监督权渗透到监督与被监督这一政治关系中来了，成为这一政治关系得以维持的内部动力。进一步分析，这一政治关系中的监督权运动的趋势就必然要求以一定的手段去实现它，于是，通过监督活动这一政治行为实现监督权成为监督主体的必然选择。由此可得出结论，议会监督的内在动力是监督权，没有监督权的存在就不会有监督活动。

　　监督权既然是议会监督的内在动力，那么，议会监督活动工作的原理也就体现在监督权的运行之中。任何权力的根源都是利益，任何权力运动都与人们的利益紧密相关，任何利益的实现都不能不借助于权力的运动。这一权力与利益的关系原理同样适用于议会监督。议会监督主体是利益的载体又是权力的载体，议会监督主体运用监督权对监督客体进行监督是为了自身利益的实现。在这一权力运动的过程中，对于监督主体来说，一方面是监督主体对客体的意志的施加的过程，同时又是监督主体从客体吸收利益的过程。对于监督客体来说，一方面是接受监督主体意志的过程，同时又是利益丧失的过程。因为议会和政府属于两个性质不同的资产阶级政治组织，分别享有不同的政治权力，互相之间既协作又制约，两者都有自身的特殊利益。同时，每个组织都代表一定的利益集团的利益，或者垄断

① 参见李景鹏《权力政治学》，黑龙江教育出版社 1995 年版，第 12 页。
② 同上书，第 205 页。

集团的利益。许多情况下两者之间的矛盾斗争是资本主义内部不同利益集团或垄断集团之间利益冲突的反映。因此，议会监督的工作原理便是由监督活动所体现的监督主体与监督客体之间意志和利益的对流。那么，这种对流是怎么形成的呢？也就是说监督权是怎么运行起来的呢？这是因为权力具有一定的势能。李景鹏教授在其著作《权力政治学》一书中对这一问题论述道：权力势能释放出来便会造成权力的运动。一般地说，权力势能是由两种力量所构成，一是权威力量，二是威慑力量。这些力量是通过政治权力主体的能动性在外部能量的作用下逐渐积累起来并经过复杂的意志集中过程而最后形成的。这两种量的结合便在政治主体内部形成权力势能。这种权力势能若具备一定的内部和外部条件便可以释放出来而构成权力运动。从外部条件说，就是来自环境和客体的某种压力或吸引力促使政治主体产生对外支配的要求并决心实现这种要求。从政治主体内部说来，则需要有权力意识和权力动机。一个政治主体处于权力结构的某种地位上从而获得了一定的权力势能，如果主体缺乏运用权力的意识，那么权力也只能停留在势能的状态而不会变成动能而引起运动。有了权力意识还必须有权力的动机，即使用权力的具体意图及实现这一意图的持续的冲动（决心）。这样才能打开制动的阀门，形成实际的权力运动。需要指出的是，权力势能的大小决定政治权力的作用的强度，权力势能的大小则取决于政治主体内部结构的状况，如主体的结构的合理状况、内聚力的大小，组织的严密程度、组织目标的明确程度、成员的状况等。以此作为论据分析议会监督权便可以看出，监督权作为政治权力的一种，它具有政治权力的上述基本特征。监督权在实际政治生活中得以运行，也必须具备一定的条件。这就是监督主体具有行使监督权的意识、愿望和动机，当来自外部的因素对之产生压力和要求时，这种压力和要求作用于监督主体促使监督主体把行使监督权的意识、愿望和动机转化为监督行动。例如，在议会内阁制国家，议会依法拥有对内阁及其成员的质询权。这一权力要付诸实践必须具备一定的条件，其一，监督主体如执政党议员、反对党、反对党议员、议院会议、议长等应提出质询案、批准质询案，监督主体应具有进行质询的意图、愿望，应具有行使质询权的坚定信心并主动积极地为此作出不懈努力。其二，应有外部因素的刺激或影响。比如，政府提出某一重大政策，政府内阁成员有某一失职行为，社会舆论就政府某一措施或行为要求议会调查等，这些都是直接刺激监督主体采取行动的关键因素。这些因素刺激或作用于监督主体，监督主体受到影响后经过复杂的心理意识反应和一定的规则程序产生质询活动，如提出质询案、获得批准、进行质询等。

（二）议会监督主体的结构与功能转化机制分析

任何政治主体都具有一定的结构，一定的政治结构就会产生一定的政治功能，从而在实际政治过程中发挥某种特定的作用。但是，政治主体结构本身并不能自然而然地发挥其功能，结构与功能的转化是需要一个必要的过程并通过一定的中介才能实现的。这些中介包括：明确的目的性；结构的特定约束力；主体的内部支配力量；主体各部分和各层次之间的结合力；主体的能动性特别是主体的意志。正是以这些因素为中介，结构便转化为功能。

议会监督主体同样具有一定的结构，这种结构是为了适应社会的政治过程和政治活动对议会监督的要求而建立的。比如，美国国会对政府各部门的监督，原来须是由两院常设委员会负责，有时为特定任务成立特别调查委员会。但是，随着行政权的扩大，行政机构的增多，行政职能增加，行政活动日益复杂，为适应这些变化，国会两院各常设委员会纷纷设立了各种小组委员会，这些小组委员会分工很细，工作对象也很明确，并且享有法律赋予的一定的监督职权。议会监督主体的结构建立后要转化为功能则需要一些因素作为中介。首先，监督主体的结构具有明确的目的性，这是主体结构向功能转化的前提。比如，议会中的反对党，它的存在的明确目的就是对执政党进行监督，对执政党的政策、行为提出批评，时机成熟时取而代之成为执政党。其次，监督主体的某一种结构都具有对其成员进行约束的特定的原则和方式。通过这种特定的约束就决定了其成员为实现结构的目的性而产生的某种稳定的行为模式，从而使特定的结构和特定的功能之间产生必然联系。如英国下议院反对党，或执政党党团，对其成员都有严格的纪律约束，同一党议员应保持行动的一致、言论的统一等。再次，为了维持结构的特殊约束方式，就必须有一种力量加以保证，这种力量便构成一定结构的内聚力。如果这种内聚力丧失，结构本身就会瓦解，也就谈不上发挥功能了。例如美国的议会党团，在早期的国会活动中，它对其成员具有一定的权威，能够在较大程度上左右议员的行为，但后来就失去了这种权威，议员个人作用增强，很少受党团的约束，这样，美国国会党团的监督功能就基本丧失了。第四，议会监督主体的各个部分和层次之间围绕着监督权这一中心形成的有机结合为功能的发挥提供了基础。议会监督主体有许多个，监督的层次也有不同，这些主体在行使监督权过程中必须有机结合，按法定的规则运作，各个层次的监督也应是有序的，从而使各主体和各层次能有机结合起来发挥监督功能。比如，从监督主体上说，美国国会的监督主体有议员、小组委员会、常设委员会、特别委员会、院会、两院联合会议等，从监督层次上分有调查听证、日常监督、对人事的建议和同意、弹劾等，各监督主体行使何种监督权都有规定，行使的方式都有规则，不同层次的监督所要求的监督主体也不同，如弹劾案，必须由众议院提出，由参议院审判。如果不能实现不同监督主体和不同监督层次的有机结合，就不可能发挥国会的监督功能。最后，除上述条件和基础之外，还必须通过监督主体的意志才能实现从结构到功能的转化。监督结构的形成需要意志，监督结构的维持也需要意志，也就是需要监督主体的能动性。这种能动性是监督结构转化为监督功能的决定性的因素。

（三）议会监督主体的监督行为过程的机制分析

议会监督主体的监督行为是由于主体的一定利益要求转化为一定的政治意图之后产生的。监督主体拥有监督权，这是监督行为产生的前提条件，当监督主体受到外部因素的影响和压力或出于主体自身的利益需要时，它便会产生监督的意图，进而产生监督行为。

监督行为过程实际上是监督权力实现的过程。它包括两方面：一是监督主体为何进行监督的问题。二是监督客体如何接受监督的问题。这两方面在运行过程中所体现的机制是：

首先，议会监督的过程就是监督主体与监督客体之间意志对抗的过程，也是监督力量与抗拒监督力量的抗衡过程。议会监督的实现不仅要求监督主体在力量上压倒客体，而且要求监督主体在心理上压倒客体。可以说，议会监督权的实现过程实质上是透过力量抗衡的心理抗衡，或者说是以力量抗衡为基础的心理抗衡。这说明心理因素在监督行为中具有决定性的意义。美国国会两院成立特别调查委员会对"水门事件"进行调查就是一个典型例子。在处理这一事件过程中，尼克松及其同党幕僚对特别调查委员会的调查以各种借口加以阻挠，国会特别调查委员会最后还是以极其强硬的态度坚持一查到底，并由众议院提出对尼克松总统的弹劾案，这一对抗过程长达两年多，可见这一过程中要经过不少回合的实力和心理的较量。

其次，监督客体接受监督的过程，实际上是在心理因素的作用下客体从抗拒行为转化为适应监督主体目的性要求的行为。这是决定监督客体性质的因素，没有这一因素，客体就不称其为客体。监督客体通过其适应监督主体目标的行为而失去某种利益从而使监督主体获得某种利益，实现其监督的目的性。但是，应该看到，监督主体与监督客体的意志和利益的对流过程中所表现出来的关系是相当复杂的。从监督主体的角度讲，它在监督过程中从客体那里获取利益，而客体则丧失一些利益。但从监督客体的角度看，由于它与监督主体处于抗拒与反抗拒状态，它并不是心甘情愿地完全接受监督主体的监督，而是尽一切努力逃避监督、抗拒监督、减少监督，并且还与监督主体讨价还价，进行交易，因此，监督客体在接受监督过程之中丧失了一些利益同时也得到了一些利益，这也在一定程度上削弱了监督权，使监督主体在监督过程中不可能完全实现其目的，而只能打些折扣。例如，美国国会常设委员会的小组委员会在检查某一行政机构对国会授权项目和拨款计划的具体执行情况时，该行政机构可采取的对应措施有许多，它可以如实地报告其计划执行情况，或主动承认一些缺失和弊病，从而获得小组委员会的同情和支持，其结果是不会砍掉对该项目或计划的拨款，甚至可能增加拨款额。也可采取欺瞒手法蒙混过关，逃避检查和监督，以便获得更大的行政自由处理权。无论如何应付监督，行政机构都会取得一定的利益。再比如，英国下院议员对内阁成员的质询监督，内阁大臣可以以保守国家机密为借口拒绝回答，或者不去认真回答，或者如实地回答质询，至于采取何种方法手段对付议员质询，大臣们都有自身利益的考虑。

最后，监督主体的监督行为是通过主体和客体之间的接触点上的一部分人的行为表现出来的，或者说监督行为是监督主体中的一部分人针对某一具体监督内容或事项与涉及该监督内容或事项的一部分人的行为，因此，监督权的实施过程中的意志和心理的抗衡首先是在这一部分人们之间实现的，然后再通过一定程序或一定方式扩展到各自的整体。监督主体一部分人与客体的一部分人的意志和心理抗衡对于整个监督行为就显得十分重要。例如，西方议员是通过竞选产生的，可以说都是政治精英人物，无论口才、反应能力、判断力、观察力都是较优秀的，如果在接受质询或者出席听证会时，政府选派了不善言词表达的官员出场，就会出丑，或者暴露出一些弊政。

以上从三个方面阐述了议会监督机制，正如前文所指出的，议会监督机制也是一个复杂的系统，除这里阐述的三方面机制之外，还有监督权运行过程中内部各结构主体之间的交互作用机制，议会监督行为信息机制，议会监督主体与外部其他系统的交互作用机制。这里不再一一展开论述。

五　美国国会监督体制、程序和方法分析

从西方几个主要国家的议会监督制度的发展现状看，美国国会监督制度较为完善，建立了一套较完整的监督体制、制定了议会监督程序、方法。

（一）监督体制

美国国会监督体制较为分散。参议院、众议院各自为战，互不协调，就是在每一院内，各委员会基本上自行决定其监督工作，全院大会不统一领导。大体上讲，国会监督体制分两大部分：一是内部监督组织，二是外部监督机构。

1. 国会内部监督组织

国会内部监督组织按层次分为全院大会、常设委员会、小组委员会，它们之间各有分工：

全院大会。全院大会在监督方面的职责有三个：一是决定各常设委员会的监督范围和权力。它通过本院议事规划，安排和调整各常设委员会的监督范围。一般说来，每一个常设委员会所掌管的立法领域也就是它的监督领域，每个授权委员会所掌管的行政部门就是它的监督对象。当全院大

会改组各委员会时，即重新安排各委员会的监督范围。全院大会授予各个常设委员会必要的权力以进行监督，其中包括传讯权、起诉权和向全院大会报告权。全院大会还对各常设委员会的监督活动提出若干规范性要求，例如，听证会须公开举行，委员会至少有两名委员出席方可提取证词。二是协调各常设委员会的监督工作。众议院的全院大会要求若干常设委员会除完成各自的监督任务外，还对一些将涉及几个委员会监督范围的领域和行政部门实行特别监督；它授权众议院政府工作委员会对联邦各行政部门进行总体监督，并代表全院统一检查众议院各常设委员会的监督工作，予以督促，提出协调意见。参议院的全院大会也安排了若干委员会进行大领域的特别监督，但它对参议院各常设委员会各自的监督工作不进行协调。三是组织特别委员会突击大案要案，或集中调查研究某个问题。

关于两院设立特别委员会的问题，这里详加说明：

第一，特别委员会的设立。美国国会两院可根据需要随时设立特别委员会。一般讲，设立特别委员会是基于如下几个原因，一是问题特别严重，影响极大。二是为了维护国会权力，以便有力地制约政府。三是政党斗争的需要。两院一旦决定设立特别委员会，即组织全院大会通过专门决议。该决议成为特别委员会的法律性依据，其内容一般包括：载明设立特别委员会的目的，规定特别委员会的任务；规定特别委员会的组成（两党各多少委员、谁提名、谁任命）；授予特别委员会调查权力；配备特别委员会助手，拨给活动经费；规定特别委员会完成工作的方式。参议院的特别委员会人数一般有10人左右；众议院的稍多，为15人左右。特别委员会设主席（由多数党议员担任）、副主席（由少数党议员担任）。主席领导特别委员会及其助理的工作。特别委员会的多数党成员（包括主席）由本院多数党领袖提名、议长任命（参议院议长缺席时由临时议长任命）；剩下的少数党成员由本院少数党领袖提名、议长任命。

第二，特别委员会的职权。其职权包括对指定问题或案件的调查权、报告权两部分。特别委员会一般都享有强大的调查权。它有权举行听证会，有权传唤当事人、知情人出席听证会作证，有权要求政府一切部门、机构和人员提供有关材料或其他帮助，有权以美国国会名义陈请外国政府、机构和个人提供合作。特别委员会对本国拒不出席听证会、拒不提交有关材料、拒不合作的有关人员，有权报请本院全院大会诉诸刑事、民事强制手段。特别委员会有权在国会开会、休会、闭会期间进行活动。报告权指特别委员会根据调查结果向本院全院大会作临时报告和公开报告的权力；如经本院决议授权，特别委员会在报告中还可提出处理建议。

不过，特别委员会行使重大权力时，也受到相应限制。例如，不得违反宪法、法律，不得阻止当事人、知情人运用其合法权利，不得泄露调查触及的国家秘密。否则，特别委员会成员将受到本院制裁，特别委员会助理将受到法律制裁。

第三，特别委员会的工作程序和方法。特别委员会的工作程序分为调查、提交特别委员会报告两步。特别委员会在调查过程中可使用合乎宪法与法律的所有手段和方式，以求得人证、材料和物证。常用的调查手段有：签发传票，传唤当事人和知情人出席听证会作证；命当事人、知情人交出有关材料；举行听证会、盘问当事人、知情人；派特别委员会成员及助理前往国内、国外任何地方，会见本国和国外有关方面和个人，取得所需材料。

从事调查的特别委员会没有常设委员会所享有的直接报告议案的权力，它只能将调查结果写成报告，送交本院领袖。不过，特别委员会的调查报告是本院和国会采取进一步行动的最权威依据。国会根据特别委员会报告，可做出相应决议，宣告国会对所调查案件的态度，或修改法律，或制定新的法律、处理本案，并禁止类似案件再次发生。特别委员会向本院提交调查报告，即是完成了本院赋予的任务，随后自动解散。

常设委员会。常设委员会在监督方面实行分工负责。每一个常设委员会拥有的立法领域就是它的监督领域，由它自己决定和安排监督工作。各个授权委员会负责监督它所管的行政机构执行立法所定项目的情况、工作成效，每院拨款委员会通过其 13 个小组委员会，负责监督各个委员会所管的行政机构使用国会拨款的情况。

常设委员会在国会监督体制的作用有三个：一是决定课题。每一个委员会在新国会就任后，要向本院的全院大会提交它的两年（即一届国会任内）监督计划，制定自己的监督课题，全院大会对各委员会的监督计划绝少修改或否决，因而，各委员会实际上负责自己决定它在本届国会任内的监督课题。此外，每个委员会还要适应形势变化，视自己的小组委员会的监督情况，随时决定由委员会对某个问题进行调查。二是进行调查。委员会负责对它所管辖的行政机构进行日常监督；另外，委员会决定监督课题后，即负责进行专题调查，搜集、查实问题。三是提出处理意见。委员会对于行政部门的大案要案完成调查后，可拟订专门决议案报告全院大会；一般情况下，委员会通过下面两种方式向全院大会报告监督结果并提出处理意见：（1）在每届国会届满之前，向全院大会提交本委员会的两年监督总结报告；（2）运用监督结果，拟订新的法案，特别是在每年制定授权法案或拨款法案过程中，根据对行政机构的监督结果，拿出或增或减，或兴或废的授权法案、拨款法案。

小组委员会。小组委员会处于国会监督体制的基层，是国会实施监督的基本单位。小组委员会分线负责委员会的监督领域，每一小组委员会拥有的监督领域与它掌管的立法范围大致相同。不过，小组委员会监督地盘的独立性不如委员会那样强，当委员会认为必要时，它可直接调查属于某一小组委员会掌管的案件或官员。小组委员会在国会监督体制中所起作用与委员会大致相似。小组委员会自行决定调查课题；对它所掌管的行政机构既进行日常监督，也搞专题调查；最后，小组委员会根据监督结论，向委员会建议如何制定相应法案，或报告合适的授权法案。

两院都依靠小组委员会进行大量的初级监督活动。参议院的小组委员会在监督方面要比在立法方面活跃得多，差不多每一位多数党参议员都担任一个小组委员会主席，往往自行决定他这个小组委员会抓住哪些问题举行专题调查，搞哪些监督工作，很少受委员会约束。

此外，两院的各位议员自己也搞一些监督活动，例如在为选民办事过程中与行政机构交涉，发现后者的错误与问题；议员自己、议员助理还时常与行政官员接触，甚至直接以议员个人名义前往某个政府机构，要求其官员说明其工作情况。议员个人的监督活动增加了国会的监督材料，有力地影响着他们对行政机构、行政官员的看法，影响着他们在委员会、小组委员会监督活动中将采取何种态度。

2. 国会外围的监督机构

国会外围的监督机构起三个作用，一是充当国会的耳目，向国会报告行政机构的工作状况、问题和错误；二是充当国会的参谋，向国会建议采用什么办法分析行政部门送交的报告和材料，采用什么方法调查行政方面的问题；三是直接为国会提供各种专家，并与两院有关委员会、小组委员会一起调查行政部门的复杂问题。

国会的外围监督机构首先指国会四大助理机构，它们分别为国会承担一些监督职责。例如，国会研究部在每届国会就任之初，要向国会各委员会开列有关的即将到期失效的法律名单，提醒各委员会注意检查其实施结果；国会预算局要定期向国会两院报告预算的执行情况，向两院的预算委员会随时提供专家；国会技术评估局要经常向国会报告联邦行政部门与外界执行联邦合同和项目的状况，派出专家协助国会各委员会或国会审计总署检查国防部或其他行政机构复杂的技术问题。不过，四大助理机构中，国会审计总署的监督作用最大，它干脆就被称为国会的"猎犬"，专门为国会检查所有行政部门使用国会拨款的效率、财政状况乃至总的工作状况，随时将结果报告国会；国会审计总署的审计师经常被派往两院的有关委员会，协助它们调查问题。

除了四大国会助理机构外，国会还拥有一支力量为它监督政府，这就是驻各个行政部门的监察长。

（二）国会监督的程序与方法

国会监督的程序与方法根据监督的对象和内容有所差别。前面章节，阐述了参议院人事监督程序和方法，国会监督总统对外出兵的程序和方法。这里就常设委员会、小组委员会一般的监督程序和方法加以阐述。

1. 列入监督议题

国会制定的监督法律和两院的议事规则要求各个委员会及其小组委员会对它们掌管的行政机构进行经常的、全面的监督。但是，每一个委员会、小组委员会用于监督的时间毕竟是有限的，不可能跟踪行政机构的一举一动。这样，委员会、小组委员会选择哪些问题进行监督，如何决定其监督议题，就在很大程度上决定着监督是否经常、全面和有效。那么，哪些因素促使一个委员会、小组委员会决定将这一个，而不是另一个问题列入其监督议题呢？美国监督学者阿伯巴赫就此问题在第95届国会（1977—1978）的两院议员和议员助理中做了专门测验，其结果如表3—3所示：

表 3—3　　　第 95 届国会议员和议员助理对各类监督议题的评价①

因　素	议　员		议员助理		案例数
	打　分	重要性位次	打　分	重要性位次	
行政方面的非法行为、丑闻	1.411	1	1.411	1	56
某一政策的危机	1.563	2	1.578	2	71
对行政官员评价低下	3.147	14	3.015	12	68
行政机构对委员会冷淡	2.459	10	2.311	7	74
项目管理效率低下	2.013	4	1.934	4	76
受惠者投诉	2.313	8	2.663	9	80
依规定应予检查	2.385	9	2.217	6	78
重新授权程序	1.907	8	1.889	3	54
能够增加国会议员名声	2.721	11	3.338	14	68
一般的政策考虑	2.288	7	2.400	8	80
选区考虑	2.276	6	2.882	11	76
为选民办事	3.016	13	3.188	13	64
支持所赞赏的项目	2.786	12	2.843	10	70
与行政方面分歧尖锐	2.028	5	2.183	5	71

　　该表开列的 14 项因素比较全面地包括了促使委员会、小组委员会将某一问题列入监督议题的种种情况。就该表看来，政府官员的违法行为、丑闻、某项政策的危机、重新授权、行政机构执行项目效率低下、国会与行政方面分歧尖锐、选区利益考虑，等等，是促使委员会、小组委员会决定就某一问题展开监督活动的最重要因素，其他如行政机构对国会态度冷淡、某个问题的调查能够提高议员的名声，保护和支持议员所喜欢的项目

---

① 　Joel D. Aberbach, *Keeping a Watchful Eye：The Politics of Congressional Oversight*, The Brookings Institution, 1990, p.112.

等因素，也能促使委员会、小组委员会着手调查某个问题。

2. 调查

国会监督的核心是调查，委员会、小组委员会确定其监督课题固然不易，展开调查以获取所需材料更为费劲。国会的监督活动往往引起一次又一次国会调查权与总统行政特权的冲突。国会坚持它有权了解一切行政内幕，获取行政部门的一切材料，联邦最高法院支持国会享有广泛的调查权："国会进行调查的权力是立法程序内在的一部分，这项权力是广泛的。"①

与国会的调查权针锋相对的是总统的行政特权，即根据三权分立的原则，总统有权秘密行使行政职权。差不多每位总统都会以行政特权抵挡国会调查权。1976 年，众议院特设情报委员会要求基辛格国务卿送交有关秘密情报行动的文件，基辛格遵照福特总统指示，援引行政特权，拒绝交出文件。情报委员会向全院大会建议：众议院通过基辛格国务卿藐视国会决议案。国会在这以前还从未通过宣布一位内阁部长藐视国会的决议案。在国会压力下，福特总统指示基辛格国务卿交出情报委员会索取的文件，冲突遂得化解。

现今，国会就调查事关国家安全的保密材料方面规定：参众两院的两个情报委员会有权传取一切保密文件；两个情报委员会的委员必须经委员会唱名表决同意，方可公布传取的保密文件；但是，如果总统在委员会表决之后 5 天内致函委员会反对公布，委员会须将自己的处理意见报全院大会表决，如获全院表决中的多数票，委员会方可不顾总统反对而公布它所传取的材料。

绝大多数情况下，国会能够压倒总统行政特权，获得它所传讯的一切材料。下页的表列举了国会的种种调查方法。

表 3—4 说明，议员助理与行政机构的接触、国会助理机构进行的项目评估、直接用于监督的听证会、议员助理的调查和现场研究等，是国会最为重要的调查方法，其他如为项目重新授权而举行的听证会、委员会助理进行的项目评估、行政机构应国会要求提交工作报告等，也是国会用来调查行政部门的常用方法。

---

① Arthur Maass, *Congress and the Common Good*, Basic Books, Inc., 1983, p. 214.

表 3—4　　　　　　　　　　国会对各种调查方法的评价①

方　　法	中常数	案例数	重要性位次
国会助理与行政人员接触	1.274	91	1
议员与行政人员接触	2.802	86	9
监督性听证会	2.561	89	8
项目重新授权听证会	2.685	73	5
就修正现行项目的法律修正案所举行的听证会	2.756	70	7
为选民办事总结	3.551	87	13
国会助理的调查和现场研究（不指为听证会作准备的调查和研究）	2.644	90	4
分析行政机构提出的规则条例	2.800	90	8
行政机构应国会要求提交报告	2.813	91	10
国会助理机构进行的项目评估	2.382	89	2
行政机构进行的项目评估	2.954	87	11
外界（非政府人员）进行的项目评估	3.227	88	12
委员会助理进行的项目评估	2.696	89	6
立法否决	4.304	82	14

3. 提出处理意见

国会监督对行政部门有多大威慑力，决定于国会如何处理监督结果；换句话说，如果调查证明某个行政机构没有按照国会要求执行法律，或者效率之低令国会不能容忍，如果调查证明总统或其他高级官员犯有罪行，等等，国会将怎么处理？

行政机构没有按照国会要求执行法律又可分为两种情况。一种是责任在国会自己，不在行政方面，例如法律写得太笼统，可有多种解释，或者法律规定的措施不可行。如果调查表明法律本身有较大缺陷，委员会将建议国会修改现行法律或者委员会自己吸取教训，今后在制定法案时，要么

① Joel D. Aberbach, *Keeping a Watchful Eye*: *The Politics of Congressional Oversight*, The Brookings Institution, 1990, p. 132.

将法律本身写得明确切实一些，要么由委员会在法律之外附载更为明确具体的委员会"希望"、"要求"等，以指导行政机构。第二种情况是行政机构不管国会制定的方针、意图，自行其是。当总统不属国会多数党时，这种情况总要多一些。委员会一旦查实行政方面自行其是的问题，便会拿出几种对策供全院大会选择：或者由委员会在有关法律中附文表示国会不满，或者发表委员会声明批评行政方面，或者通过全院决议严正说明国会的态度，或者制定修正法律，直至在来年预算中削减预算授权，攥紧钱袋。

行政机构严重的浪费、低效一经查实，委员会也会提出上述几种对策，供全院大会选择。

当委员会调查证明总统或其他高级官员违犯法律、渎职或犯有其他重罪或轻罪而完全不适合继续担任其官职时，众议院的委员会可向全院大会提交弹劾决议案。除开弹劾这种极端形式外，两院的委员会还可通过谈话、声明，削减预算授权等方式，迫使有关官员辞职[①]。

从以上阐述中可看出，美国国会经过二百多年的政治实践，其议会监督制度方面不断得以改革和完善，无论是具体制度规则，组织机构，还是监督程序与方法，都是在实践中不断形成的，而且基本上适应了现代社会要求强化议会监督作用的时代潮流。

---

① 参见蒋劲松《美国国会史》，海南出版社 1992 年版。

第四章

西方议会监督权运作的环境分析

议会监督权的运作是以整个社会大系统为背景的，其运作过程实际上就是监督系统与外部环境不断交互作用的过程，同时也是其内部各因素之间相互作用的过程。可以肯定地说，西方议会监督权能够有效运作，在现实政治生活中发挥其功能，是同监督系统与内、外部系统的交互作用分不开的，也就是说，离开了一定的环境，议会监督权的运行机制就会出现障碍，就无法有效运作。既然是这样，那么要对西方议会监督权的运行机制有一个全面的、深层的认识，就必须把它放在整个社会系统这一大视野中进行考察，分析影响议会监督权运作的各种因素，寻找监督权运作的有效保障条件。

一 外部环境要素分析

议会监督系统的外部环境由多个系统构成，主要有经济系统、政治系统、社会文化意识系统等，各系统中又由许多要素组成，它们与议会监督系统是有机联系的，并对议会监督权的运作有不同程度的影响。这里选择几个要素，来分析一下它们对议会监督权运作的影响或作用。

（一）经济要素

一切政治的根源是经济，政治是经济的集中表现。议会监督制度作为政治上层建筑的一个重要组成部分，必然受经济的影响和制约。这种影响和制约表现在如下几个方面：

1. 议会监督制度的建立是资本主义经济制度的必然要求。资本主义经济制度的基础是私有制，这种以私有制为基础的经济制度反映到政治上层建筑领域就必然要求建立一套保护私有制的民主政治制度。法国《人权宣言》明确宣布："一切政治结合的目的都在于保护人的天赋的和不可侵犯的权利；这些权利是：自由、财产、安全以及反抗压迫"，"财产是神圣不可侵犯的权利，除非有明显的公共需要，经过合法手续，并事先给予公平的补偿，不得剥夺。"① 保护私有制的核心是保护私有财产权。西方国家的宪法几乎无一例外地都规定："私有财产神圣不可侵犯。"于是，在资本主义制度下，人们在形式上对自己的财产拥有了占有、使用和处分等绝对权利，任何人非经所有权人的许可不得干涉其行使财产权并侵犯其利益，国家只是个人财产的保护者，具有排除财产权行使之障碍的义务，因而不能主动对财产权的行使实行干预。保护私有制、保护私有财产需要以诸多法律为根据，于是，代议制机构便拥有了立法权，制定一系列法律规范，由政府去执行。政府为了维持自身的正常运作，承担社会赋予它的保障社会自由、平等、秩序的职能，需要一定的财政支持，而财政的来源是财产所有者缴纳的赋税，为了保证财产者的赋税不被浪费、滥用，财产所有者便赋予代议机构以财政监督权。由此可见，西方议会的监督权的行使与保护私有制的需要是有机结合在一起的。

2. 市场经济体制必然要求对政府进行监督。资本主义经济是市场经济，市场经济的运作规则是自由竞争，由市场这"一只看不见的手"在市场运作中起主导作用。在市场经济体制下，人们摆脱了过去的人身依附和依赖关系；具有独立的人格，具有了独立性、自主性、创造性以及自尊感、自由感、自强心；市场经济体制下的个人都是理性人、经济人，他们会自动地追求自己的福利的最大化，无需别人越俎代庖；市场经济也为人们提供了经济上的独立以免受国家权力的绝对支配；市场经济也严格地把公共领域与私人领域，国家与社会、政治与经济区分开来。市场经济条件下的政府的作用在于保护个人的自由权利，保障竞争公平、自由、有序地进行。人们反对政府滥用权力，反对政府对个人权利的不适当的限制、干预和侵害，主张对政府权力加以限制，对政府进行必要的监督。作为代议机构的议会，必然要适应民意，主动或被动地履行其监督职责。

---

① 《潘恩选集》，商务印书馆 1982 年版，第 183、185 页。

3. 市场主体作为纳税人要求监督政府。政府活动的一切开支用的都是纳税人的钱，这些钱是纳税人辛苦挣来的一部分，他们把它交出来供养政府，是希望政府能够切实履行自己的职责，为纳税人服务。他们不希望自己的血汗钱被滥用、被贪污、被浪费，不希望政府把这些钱用于毫无价值的事务上，希望政府能够廉洁高效，节约他们的每一分钱。因此，为了他们的切身利益，他们强烈要求议会履行其监督职责，同时他们也积极主动地去监督政府的活动，或向议会呼吁或施加压力，督促议会对政府严格监督。

4. 独立的市场主体敢于监督政府。在市场经济中，各个主体是独立和平等的，彼此之间没有等级隶属关系。各个主体都是自由的，没有依附性。他们普遍地具有主体品格、权利意识和自治精神。财产私有、经济自主、人身自由、人格独立，决定他们对政府没有畏惧感、屈从心、依附性，敢于批评政府、监督政府。

（二）政治要素

在政治要素中，对议会监督权运作有较大影响的有政体形式、政党制度、选举制度、压力集团、政治公开制度、政治文化等几个方面。

1. 政体形式。西方主要资本主义国家政体有三种形式，即内阁制、总统制、半内阁半总统制。虽然政体形式不同，但体现在不同政体形式中的权力结构及组织原则有许多共同特征。首先，权力分立与制约。无论是议会内阁制、总统制或者是法国式的政体，立法权、行政权和司法权都是分立的，分别由议会（国会）、内阁（总统）和最高法院三个机构行使。三个机构分享三种权力但又互相制约，这种权力结构的确立是议会监督权存在的基本前提。如果三权归为一个机构行使，就根本谈不上制约和监督了。其次，议会权力在形式上或实质上高于其他两种权力。实行议会内阁制的英国和日本，法律明确规定，议会为最高权力机关。虽然由于政党制度的发展和完善相对削弱了议会的权力，但它仍是形式上的最高权力机关。法国第三、第四共和国时期议会拥有实质性的最高权力，对政府监督很有力度。美国是典型的三权分立与制衡体制，国会、总统和联邦法院形式上平起平坐，但国会利用其宪法赋予的立法权、财政权等，不断强化它的权力，尤其是在国内事务上，拥有优势。议会的这一地位使它在行动上和心理上占有优势和主动性，以便有效地履行其监督职能。最后，明确的

责任主体，这是西方资本主义国家政体的一个重要特征，也是议会监督权
得以实施的基本前提。明确的责任主体可以使议会行使监督权时具有针对
性，针对具体的人行使监督权，使具体的人对其行为承担后果。如果责任
主体不明确，即使出现问题，也无法追究责任，监督权实成虚设。明确的
责任主体能够增强议会监督效果，使监督权落到实处。

2. 政党制度。政党制度又称政党政治。政党制度对议会监督活动有
着关键性的作用，它是议会监督得以经常实施、有效实施的主要催化剂。
在两党制的议会内阁制国家，议会监督活动的主角是反对党（或在野
党），在两党制的总统制国家，虽然有时会出现在议会的多数党与总统所
在的政党同属一个党，有时分属两个党的情况，但无论哪种情况出现，反
对党的监督仍然起一定的作用。之所以这样，是因为西方国家各政党都是
以取得政权和巩固、维持政权为目的而存在的，这种规定性要求政党把力
量用在赢得选民的支持上去，对于执政党来说，它要使自己的政策行为符
合民意，对于反对党来说，它要通过监督、批评政府来赢得选民信任，获
得选民的选票，争取成为下一届执政党。这种"相互争夺的政治，展现
在公民—选举—议会—政权各层次上"。① 正因为这样，"政党首先是这样
一种政治集团—在'竞争'与'对抗'中发现存在的根据和生命源
泉"。② "政党也被视为代议政治的生命线。在权力—议会一级，人们期待
政党发挥创造价值功能（掌握政权功能）和表达、登记对抗价值的功能
（批判权力的功能）。前者是适应'大众的挑剔'而选择和实现建设性政
策的功能，这种'大众的挑剔'通过选举，大众传播，利益集团以及忠
告者的劝告来表达。后者是积极地向公民提示建设性的替代方案（政策
替代方案和领导人的替代方案）和逼近政权的功能，主要是人们期待在
野党发挥的作用。"③ 例如英国，两党之间的政治斗争较为典型，对议会
监督的影响较为明显。首先，反对党的存在具有合法性，在议会监督中反
对党是主要角色。1937 年，根据《王权大臣法》，英国的反对党领袖变成
由王室官方任命，反对党领袖每年有 2000 镑薪金，由统一基金开支（他

① ［日］冈泽宪芙：《政党》，耿小曼译，经济日报出版社 1991 年版，第 30 页。
② 同上书，第 31 页。
③ 同上书，第 40 页。

在下议院还有一间房子）。这意味着承认了反对党的合法性。作为合法的反对党，它就扮演了反对政府和批评政府的角色。它可以在议会中进行质询，提出辩论，直接监督政府的政策和行为。"即使当它的执政机会很遥远时，它也有责任去限制政府的极端行动，引起对于任何危险政策的公众批评，并使政府的行为合乎理智。"① 反对党能够"在惯例许可反对党选择辩论主题的地方，安排辩论题目，反诘首相和其他大臣们，监视对于各少数政党权利的侵蚀。当政府试图不受议会批评便滑过去时，提出辩论要求。"② "反对党的存在为少数的意见提供了一个价值的表达途径。" "在议会中表达出来的社会舆论的压力迫使政府略为修改它的政策重点。"③ 反对党之所以要扮演这一角色，是为争取更多选票，"反对党的战略，不是以政府的转变为目的的，而是以外面的选民转变为目的"。④ 正因为如此，"反对党在维持它的一群牢固可靠的选举者的同时，还必须使自己对于流动选票具有吸引力，其方法是在维持一种健康的和具有政治家风度的批评火焰"。⑤ 其次，对于执政党来讲，它执政的基础也是来源于选民的支持，因此，它对于反对党的监督也不得不采取积极和宽容的态度，不得不慎重从事。这使得监督能够达到一定的效果。由此可见，资本主义国家的各个政党，尤其是反对党（或在野党）在议会监督活动中扮演了关键角色，发挥着重要作用。

3. 选举制度。以普选制为标志的选举制度是资产阶级民主政治不可缺少的内容之一，它是资产阶级政治统治得以合法化的必然途径。通过选举制度"政府不断寻求民众对其合法的广泛认可，而公众也在寻求选择政府的发言权"。⑥ 选举制度对议会监督机制也有较大影响，但这种影响作用是间接性的，主要表现在：第一，作为议会监督主体的议会和议员，是由公民选举组成和产生的，从理论上讲，他们应该充分体现选民的意

---

① ［英］埃弗尔·詹宁斯：《英国议会》，商务印书馆 1959 年版，第 101 页。

② 同上书，第 102 页。

③ 同上书，第 194 页。

④ 同上书，第 190 页。

⑤ 同上书，第 192 页。

⑥ ［英］戴维·米勒等编：《布莱克维尔政治学百科全书》，中国政法大学出版社 1992 年版，第 216 页。

志，代表选民的利益，因为议员们最关心的切身的利益是下一次选举能否当选，而能否当选的决定权在选民手中的选票。这就得出一个逻辑结论，议员是由选民选举的，议员就应该代表选民利益，履行职责、监督政府。不论这种行为是自愿的，或者是被迫的仅仅为表现一下而已，议员必须要这么做。第二，在议会内阁制国家，政府是由在议会选举中获得多数议席的政党组成或由几个政党联合组成。在总统制国家，总统是由公民直接选举产生。政府产生的方式都直接或间接与选举有紧密关系，这就是说，选票对政府具有至关重要的意义。这使得政府的政策和行为必须顺应民意，接受监督。正如西方学者指出的那样，"对下一次选举的担忧不断影响着政府的决策，有时使政府不敢采取合乎需要但却不得人心的行为，但至少可以经常地使政府不敢舞弊或武断专横。选举迫使竞争者为了取得权力而做出保持过去的荣誉和实现将来的诺言的姿态，并把自己打扮成公共利益的保护者"。① 可以肯定地说，选举制度所体现出来的平等、公开、和平、竞争的政治运行机制，在一定程度上增强了议会监督的效果。因为每一次选举过程中，想争取连任的议员，想争取总统宝座的候选人，想保持议会多数席位的执政党，都必须与其竞争对手在政治竞技场上公开地角逐，或发表演说，或攻击对手，或取悦选民，或许下诺言，或宣扬执政者的政绩和任议员期间的表现，或批评执政者的种种弊政、揭露现任议员的劣迹，公开亮相中的种种表现都会影响选民如何作出投票决定。在竞选中，任职期间的表现自然显得十分重要，是竞选者赢得更多选票的重要砝码。第三，选民作为一个信息源的作用。选票掌握在每个选民手中，因此，无论是政府或者议员，对每一个选民都不能忽视。事实上，议员们对选民还是很重视的。每个议员在选区都有自己的办公室，在首都也有自己的办公室，他们经常到选民中间去听取意见、批评和建议，还设有选民接待日，或经常与选民通话、用信函联系，给选民邮寄一些资料等。选民也是议员监督政府及其行为机构的一个信息源，议员从选民那些获得有关政府成员及行政机构的信息，可作为监督政府的信息资料和监督政府的动力源。

4. 压力集团。压力集团是西方国家的为实现某种特殊利益而对政府

① ［英］戴维·米勒等编：《布莱克维尔政治学百科全书》，中国政法大学出版社 1992 年版，第 217 页。

施加政治影响和压力的团体或组织。当利益集团成为政治角色，企图影响公共决策方向和公共权力的运用，使自己获得好处的时候，它们就成了压力集团。压力集团是利益集团维护特殊利益、实现特定目标的工具。其首要特征是参与政治过程，影响公共政策，但并不谋求正式控制政府，这也是它与政党的本质区别。一般来说，各种利益集团与压力集团在当代西方国家几乎是同义语，有稍微的区别。当代西方国家存在压力集团可以说是十分普遍的政治现象。大量的压力集团的存在以及随着它在政治领域作用的增强，无疑对西方民主政治体制带来影响，单就它对议会监督的影响而言，主要体现在如下几个方面：第一，通过为议会或议员提供信息资料，拓宽了议会监督的信息获得渠道和扩大了信息源。政府机构庞大，人员众多，活动领域广泛，活动过程复杂，议会显得无力应付，议员个人也受精力、知识、技术的限制无法全面监督政府，更无法获得政府方面的较全面的信息，增加了监督的困难，监督盲点增多。压力集团涉及各行各业各领域，人数众多且拥有专业技术知识，与政府机构和人员交往、接触多，而且与政府机构有着业务上的密切联系，因此，它可以为议会和议员提供大量的监督信息，以补充议会信息源的不足。第二，它可以向议会、议员施加压力，也可以作为议会监督的辅助力量，增加议会监督的力度。议会是压力集团的主要活动部门，它通过其院外人员采取各种方法游说国会，它还通过其政治委员会向竞选议员提供捐款。表4—1至表4—4是美国压力集团的活动情况：

表 4—1　　　　　　　　**利益集团活动的对象**[1]

a. 您的活动的中心会随着问题的不同而变化，对同一个问题也会因时间不同而变化，但是一般说，下面各机构在您的集团活动中各占怎样的位置？非常重要？较重要？还是不怎么重要？

	非常重要（%）	较重要（%）	不怎么重要（%）	%
国会	89	8	2	= 99
白宫	55	32	12	= 99
行政机构	65	28	6	= 99
法院	22	27	51	= 100

---

[1]　Kay lenman Schlozman, *Organized Interests and American Democracy*, Harper & Row, Publisher, 1986, p. 272.

b. 各利益集团中回答"非常重要"的百分比

	公司（%）	贸易协会（%）	工会（%）	公民团体（%）
国会	94	91	95	92
白宫	67	59	37	40
行政机构	68	82	58	40
法院	18	21	28	28

表 4—2　　　　　　　利益集团活动中各部门重要性的变化[①]

a. 在过去的 10 年里，对于您的集团活动说来，下面（这一部门）是变得更重要呢，还是变得不如从前重要，还是差不多？

	更重要（%）	差不多（%）	不如从前（%）	%
国会	58	39	3	= 100
白宫	49	40	12	= 101
法院	31	62	7	= 100

b. 回答"更重要"的百分比

	公司（%）	贸易协会（%）	工会（%）	公民团体（%）
国会	60	54	62	59
白宫	61	53	38	35
行政机构	50	54	44	45
法院	23	50	23	24

---

① Kay lenman Schlozman, *Organized Interests and American Democracy*, Harper & Row, Publisher, 1986, p. 273.

表 4—3　　　　　　　　　院外人员游说国会的各种方法①

	公司	贸易协会	工会	市民团体	所有利益集团	位次（重要程度）
出席听证会作证	98%	100%	100%	100%	99%	1
与负责人面谈	100%	97%	100%	100%	98%	2
非正式接触——参加会议、共进午餐等	98%	97%	95%	96%	95%	3
提交研究结果或技术资料	94%	89%	90%	92%	92%	4
与负责人商量立法战略	90%	89%	85%	83%	85%	9.5
帮助制定法案	86%	94%	85%	74%	85%	9.5
动员有影响的选民与其议员联系	77%	94%	85%	58%	80%	13.5
提醒议员某法案对其选区的效果	92%	74%	85%	58%	75%	17
对需要帮助的国会人士提供帮助	62%	56%	68%	54%	56%	20

表 4—4　　　　　　　　　1984 年利益集团给国会竞选活动的捐款②

类　　别	捐款（美元）
公司政治行动委员会	36217815
劳工政治行动委员会	25117669
无后台政治行动委员会	14703235
贸易，会员，卫生政治行动委员会（美国医学会全国步枪射击协会，全国房地产经纪人协会）	26935551
合作政治行动委员会（农业）	2500248
无股票公司（商品交易，人寿保险公司）	1344369
总计	106818887

---

①　Kay lenman Schlozman, *Organized Interests and American Democracy*, Harper & Row, Publisher, 1986, p. 291.

②　［美］加里·沃塞曼：《美国政治基础》，陆震伦等译，中国社会科学出版社 1994 年版，第 183 页。

　　由上面几张表可看出，压力集团与国会及议员的关系很密切，它们想从国会及议员那里获得利益，国会及议员也可以利用压力集团的影响加强其对政府的监督力度。第三，压力集团具有补充议会监督之不足的功能。由于议会监督主体受到种种限制，对政府的监督功能不能得到充分、系统的发挥。而压力集团为了它的特殊利益也积极对政府进行监督，有时直接与政府行政机构进行对抗。由于压力集团涉及各个领域，每一个领域出现利益冲突，就会有该领域的压力集团出来维护其利益。因此可以说，当今西方国家的压力集团已成为西方民主政治运行机制中不可缺少的一部分了。

　　5. 政治公开制度。政治公开是民主政治的必然要求，也是议会监督机制得以运作的条件之一。没有政治透明度，就发现不了问题，就无法进行监督。政治公开制度也是落实公民知情权的必然要求，没有政治公开，公民知情权就无法体现，监督也就是一句空话。西方各国在这方面都有相应的法律规定和做法。如美国 1976 年联邦《政府开放法》、英国 1960 年的《公共机构（允许参加会议）法》等。大部分西方各国法律还规定人们可以依法公开获得政府记录的可行权利。政治公开制度涉及的内容较多，首先，就议会方面而言，包括议会质询、辩论公开，听证会公开（有时特殊情况可不公开），议会会议记录、议事规则、投票记录公开，允许新闻界和公民采访、报道、转播和旁听等。例如，1980 年美国众议院允许电视台转播全体会议辩论情况。1986 年 6 月，参议院允许电视台转播全体会议情况。美国众、参议院常设委员会确定的例会日期，须刊载在《国会纪事》上；委员会的议事记录须随时供公众查阅；委员会听证会和议决会都须公开举行，可由电视台和电台进行报道直到现场直播，只有当会议内容关系到国家安全、个人声誉，或国家要求保密的有关情报而不能公开，或纯系委员会自身事务而无须公开时，委员会举行公开唱名表决，如多数人同意，会议方可秘密举行。日本现行宪法规定，"两议院会议均为公开会议"，据此，日本国会参、众议院均制定相应的规则，允许公众自由旁听，将会议内容和议员活动置于公众的广泛监督之下。其次，就政府行政系统而言，许多国家也制定了体现公开性的法律。例如，美国制定有关联邦政府机构会议公开法律，即《阳光下的政府法》，该法规定公众有权取得关于联邦政府制定决定过程的最充分的可以使用的情报。该法规定政府机构的会议安排、变更情况、会议通知、记录文件、制定的条例等，都应在《联邦政府公报》上公布或以其他方式公告，必要时应向公众提供有关文件、记录或其抄件。如果政府机构违反上述规定，公众可以向美国法院提起诉讼，获得补救。该法还规定了政府机构会议不公开的10种情况和公众通过司法救济获得有关情况的程序。最后，关于政府官员的财产收入方面的公开规定。例如，1978年美国通过《政府道德法》，规定政府立法、行政、司法各部门的某些官员或雇员公共财政收入的公开。所有规定的官员和雇员的财产资料都应公开，供大众查阅。应该指出的是，即使西方国家再标榜政治民主，在政治公开方面也是有许多限制的。

6. 政治文化。政治文化的概念是有美国政治学家加布里埃尔·A. 阿尔蒙德首先提出的，现已成为政治学中最为重要的概念之一。阿尔蒙德在《政治文化》一书中指出，政治文化是指特殊的政治取向，即对政治系统和系统各部分的态度，以及对系统中自我角色的态度。这种特殊的政治取向包括：认知的取向，也就是关于政治系统、它的角色和角色的承担者、它的输入和输出的知识以及信念；情感的取向，即关于政治系统、它的角色、人员和行为的感情；评价的取向，关于政治对象的判断和见解，特别是那些涉及价值的标准和准则，可以和信息与感情相结合的政治对象。政治文化作为社会文化系统中的一个分支，它在政治系统中的作用和影响是不可忽视的。作者认为，议会监督权的有效运作与政治文化因素的影响也有很大关系，这种关系体现在：首先，政治文化是民主政治体制的基础。"每一种政体——传统的、独裁的和民主的——都有一种与它自己的结构相协调的文化形式。"[1] 加布里埃尔·A. 阿尔蒙德和西德尼·维伯曾用了五年时间对美国、英国、德国、意大利和墨西哥五国居民的基本政治态度进行了大规模的抽样调查和分析，对五国政治文化的模式和特征进行了综合性的分析和比较，并得出一些结论，"一个稳定的和有效率的民主政府，不光是依靠政府结构和政治结构：它依靠人民所具有的政治过程的取向——即政治文化"，[2] "除非政治文化能够支持民主系统，否则，这种系

---

[1]　［美］加布里埃尔·A. 阿尔蒙德、西德尼·维伯：《公民文化》，徐湘林等译，华夏出版社1988年版，第38页。

[2]　同上书，第545页。

统获得成功的机会将是渺茫的"。① 他们在研究中发现，在民主政治环境中存在一种混合的政治文化，即公民文化，它"是一种忠诚的参与者文化。个人不仅取向于政治输入，而且他们还积极地取向于输入结构和输入过程"，它"是一种政治文化和政治结构相互协调的参与者的政治文化"。② 他们的结论是"公民文化看来特别适合于民主政治系统。它不是民主政治文化仅有的形式，它似乎是与稳定的、民主的系统最协调的形式"。③ 法国政治思想家托克维尔曾到美国考察其民主制度的实际运用，经过9个月零几天的考察，写出了《论美国的民主》一书，在此书中托克维尔专辟一章探讨了有助于美国维护民主共和制的主要原因，他认为"有助于美国维护民主共和制度的原因，可以归结为下列三项：第一，上帝为美国安排的独特的、幸运的地理环境；第二，法制；第三，生活习惯和民情"。而"法制比自然环境更有助于美国维护民主共和制度，而民情比法制的贡献更大"。④ 托克维尔所说的法制和民情就属于政治文化范畴。由此可以推论，既然一定的民主政治系统需要与之相适应的政治文化作为其基础，那么，议会监督机制也属于民主政治系统的一部分，也以一定的政治文化为其基础，议会监督体系结构的构建、功能的设定和发挥、监督行为的推动等，都与一定的政治文化密切相联系，因为没有与之相适应的政治文化作为基础，议会监督机制不可能有效运作，或者只能是一个形式而不会具有实质的内容。其次，政治文化对政治角色的影响。政治文化是一个民族在特定时期实行的一套政治态度、信仰和感情，它是由本民族的历史和现实的社会、经济、政治活动进程所形成的。它影响各个担任政治角色者的行为、他们的政治要求内容和对法律的反应。而各个政治角色者的行为、对政治要求的内容、对法律的反应对政治系统有重要的影响。《美国精神》一书描述"在整个19世纪，平等观念渗透到美国人的生活和思想领域，他们的行为、工作、娱乐、语言和文学、宗教和政治，无不

---

① ［美］加布里埃尔·A. 阿尔蒙德、西德尼·维伯：《公民文化》，徐湘林等译，华夏出版社1988年版，第546页。

② 同上书，第38页。

③ 同上书，第546页。

④ ［法］托克维尔：《论美国的民主》，董良果译，商务印书馆1996年版，第320、354页。

体现平等观念，现实生活中的各种关系，无不受这种观念制约"。① 据加布里埃尔·A. 阿尔蒙德和西德尼·维伯的调查，"美国人和英国人常常为他们的政治体制、社会立法、国际声望而自豪"，85％的美国人以他们国家的政府的、政治的制度方面而自豪，英国的统计数字为46％。② "在美国和英国，回答者对他们国家的政治特征表示自豪的比例数很大，在受过良好教育的回答者中，这个比例数字就更高。在美国，受过大学教育的92％回答者为政治目标感到骄傲，相比之下，那些只受过初等以下教育者则为81％。在英国，75％的受到大学教育的回答者为其政治特征而自豪，而那些只受初等教育者则为41％。"③ 人们对本国政治体系的这种认同是政治体系稳定的基础。阿尔蒙德和维伯的调查还显示，在美国和英国，大多数人关心政治，谈论政治，认为政治对自己有一定影响。"大约3/4的回答者，声称他们参加政治传播过程。""大约半数的美国人和英国回答者，既谈论政治，并且和许多人讨论政治时，相对地感到自由。"④ "大约3/4的美国回答者说，他们喜欢选举运动，半数以上的人说有时他们感到生气，或者感到所进行的一切都是愚蠢可笑的。""英国的回答者对投票和对选举运动感到满意的人数是第二位的。"⑤ 这种政治情感和态度有助于政治系统的民主和公开。在一定的政治系统中，公民的政治参与意识和政治参与行为有助于系统的良好运转，将增加保持稳定民主的机会。"参与政治的能力感就能加强系统的合法性并促进政治的稳定。"并且"随着公民对民主价值认识的提高，参与政治将增加国家政治民主的潜力"。⑥ 阿尔蒙德和维伯关于政治文化的研究可以说是较为权威的，因此，借助他们的调查研究数据和结论来说明政治文化对政治系统的影响是有一定科学性的。作者认为，上述关于政治文化影响的一般性分析也适用于议会监督系统。议会监督机制的有效运作，是依靠各个政治角色者推动的，这些政

---

① ［美］康尔杰:《美国精神》，光明日报出版社1988年版，第4页。

② ［美］加布里埃尔·A. 阿尔蒙德、西德尼·维伯:《公民文化》，徐湘林等译，华夏出版社1988年版，第115页。

③ 同上书，第114页。

④ 同上书，第117页。

⑤ 同上书，第133页。

⑥ 同上书，第132、163、280页。

治角色者包括：公民、利益集团、政府、议员、议会工作人员、议员私人助手、行政首脑、政府政治官员和文官等，这些政治角色者的政治认知、政治信仰、政治感情、政治态度、政治价值观等对其政治行为起着主观方面的决定性作用。例如，议员如具有高度的政治责任心，就会积极主动履行其监督职责。公民具有强烈的政治参与意识，就会要求议会承担监督责任，并积极向议会提供信息。被监督者如果认识到监督机制是民主政治的有效稳定器，就会减弱抗拒心理，能主动接受监督，等等。由此可见议会监督机制的有效运作离不开特定的政治文化环境要素。

（三）大众传播媒介要素

大众传播媒介又叫新闻媒介，是指报纸、广播、电视、期刊等传播媒介。在当今时代，大众传播媒介已高度普及。其普及率越高，它对社会生活各个领域特别是对人们思想的影响力也就越大，因为人们总是要受到自己所读、所看、所听到的事情的影响。大众传播媒介已成为当今资本主义世界一支强大的政治力量。它被人们称为"第四权力部门"。

1. 大众传播媒介在政治领域的功能

大众传播媒介在政治领域的影响力和作用可以概括为如下几个方面：首先，它具有政治信息交换的功能。它作为信息的载体和传播工具，可以把有关政治信息（政府的政策、措施，政府活动，政府机构及人员的情况，政治丑闻，政治事件等）向社会公众传播，又把社会公众有关对政治的态度、评价、批评等信息传输到政治系统之中。同时，它可以作为一个交流的中介，促进社会公众之间、社会公众与政治系统之间、政治系统内部各子系统之间进行政治信息的交流。其次，政治社会化功能。在现代社会，大众传播媒介的政治社会化功能十分突出，它不仅在传播政治文化、形成共同的政治意识方面，而且在改造政治文化、引导社会政治方向方面都发挥着重大的作用。再次，规定议事日程的功能。大众传播媒介可以充分利用特有的信息传播优势，对政治进行重点事件、新闻、问题等集中报道或追踪报道，可以通过公布民意调查结果，从而形成强大的公众舆论，影响公众的思想和行为。可以说，没有大众传播媒介的参与，就不会形成强大的公众舆论，就不可能协调公众的政治行为，进而影响政治系统的输出。因此，大众传播媒介具有规定议事日程的功能。伯恩斯等人指出："大众传播媒介影响的一个重要部分是它们规定日程的作用：因为传播媒介最终传播出去的事件才成为'新闻'。至少，大众传播媒介的新闻在很大程度上决定着人们在一定时期要讨论哪些问题。"① 沃塞曼也认为："也许新闻媒介所发挥的最重要的作用是安排议程：把全国性的重要事件排列好。——什么是必须认真对待的，什么是可以轻描淡写一笔带过的，什么是可以根本不用管的。"② 最后，监督功能。西方大众传播机构绝大部分是私人拥有，而且具有较大的独立性。这就使得大众传播媒介在政治的监督方面能发挥一定的作用。事实上，大众传播媒介在政治领域的监督作用在一些方面、在一定程度上还是很有效的。例如，1972 的"水门事件"就是由《华盛顿邮报》首次曝光的，最后导致尼克松下台。1987 年美国总统候选人加里·哈特在男女关系上的丑闻被《迈阿密先驱报》记者揭露，迫使哈特退出了竞选。1974 年底，日刊《文艺春秋》首先发难，揭发田中角荣的"财源秘密"，田中被迫宣布辞职。继而日本报刊又刊登田中有接受美国洛克希德飞机公司贿款之嫌的内情，致使田中被捕。1986年 6 月日本《朝日新闻》社会版以头版头条刊登了记者的调查报告，揭露了川崎市副市长小松秀熙以权谋私，接受未上市股票获得 1 亿日元的重大丑闻，接着《朝日新闻》的记者进一步调查、连续报道，涉及众多政府官员的里库路特股票案被揭露出来。1989 年，宇野宗佑只坐了 53 天首相，就因新闻界揭露了其桃色丑闻而辞职。1986—1990 年法国的"发展路口案"也是由法国欧洲第一广播电台首次报道揭露出来的。1997 年韩国的"韩宝公司案"也是新闻媒介首先给予曝光的。大众传播媒介对政治领域的监督在西方已成为传统，也成了大众传播机构遵循的原则之一。在美国，"传播媒介，特别是报纸，对政府的政策和官员（包括总统在内），常持批评态度，尤其是在国内的政策方面，在对外政策方面一般是支持多于批评"。③ "大众传播在美国典型地表现为一种批评工具"，"他们下大力气报导明显的不平等事件，并严厉指责政治领导人与美国政体和

---

① ［美］詹姆斯·M. 伯恩斯等：《美国式民主》，中国社会科学出版社 1993 年版，第 385—386 页。

② ［美］加里·沃塞曼：《美国政治基础》，陆震伦等译，中国社会科学出版社 1994 年版，第 193 页。

③ 李道揆：《美国政府和美国政治》，中国社会科学出版社 1990 年版，第 119 页。

令人敬畏的制度的理想相背离的行为"。① 美国"最有影响的报纸往往对'联邦政府的工作定下一种普遍不满的调子',不管任职的总统是谁,也不管政策的实质是什么"。② 阿尔蒙德和鲍威尔在《比较政治学》一书中引证了一些资料,证明当代一些国家中大众传播工具自由批评其地方政府和中央政府的程度,资料显示:"报纸和广播系统批评其地方和中央政府的自主程度高的国家有:美国、瑞典、加拿大、西德、日本、奥地利、英国,法国、意大利是中等。"③

2. 大众传播媒介对议会监督机制的影响

大众传播媒介在政治领域所具有的功能显然适用于议会监督方面。可以肯定地说,西方议会监督机制运作过程离不开大众传播媒介。首先,它是议会监督活动所依靠的重要信息资源之一。从议会监督的实践看,许多监督行为诸如提出质询案、不信任案、成立调查委员会进行调查、举行听证会、对政府官员的任命的建议与批准等,许多都是因新闻媒介提供信息资料引起的。其次,它是议会监督行为过程中的压力和动力。议会从事的监督活动在一定程度上是由于公众舆论的压力所驱使,而公众舆论是大众传播媒介推波助澜的结果,强大的公众舆论压力迫使议会履行其监督职责,增加其监督力度。压力又是动力,议会因有公众舆论的支持会增强信心和心理上的优势,"国会可以利用接近传播媒介的优势来影响舆论,向总统施加压力"。④ 同时,被监督者也会因受舆论影响而较为主动地接受监督。最后,它可以树立或损害议会及议员形象。大众传播媒介通过采访、报道、特写以及实况传播等方法,对议会及议员有效的监督活动进行传播、树立其良好的形象,也可以对议会及议员的不负责任、监督不力等进行报道,影响其良好形象。这种功能的存在使议会及议员不敢在履行监督职责有所怠慢、敷衍。

---

① [美] 安东尼·奥罗姆:《政治社会学》,上海人民出版社 1989 年版,第 321 页。

② [美] 詹姆斯·M. 伯恩斯等:《美国式民主》,中国社会科学出版社 1993 年版,第 387 页。

③ [美] 加布里埃尔·A. 阿尔蒙德、西德尼·维伯:《公民文化》,徐湘林等译,华夏出版社 1988 年版,第 177 页。

④ [美] 托马斯·戴伊、哈蒙·齐格勒:《民主的嘲讽》,世界知识出版社 1991 年版,第 339 页。

二　内部环境要素分析

外因是变化的条件，内因是变化的根据，外因通过内因才起作用。议会监督权的运作离不开外部环境要素的作用，但更重要的是内部各要素之间的相互作用。犹如一部机器内部构造不合理或者某一机件损坏或不合规格或者各部件不能有机结合，这部机器就运作不起来。保障西方议会监督权有效运作的内部要素有哪些呢？它们对运作机制的影响又是怎样的呢？

保障西方议会监督权有效运作的内部要素有许多，本文着重列举议会组织结构、议员和幕僚这三大要素进行分析：

（一）议会组织结构

议会作为一个复杂的政治主体，其自身具有一定的结构，即稳定的自我组织方式。这种结构具有明显的政治目的，执行着不同的功能。这种结构的形成，从客观上说是权力分化的结果，从主观方面讲，是出于协调政治角色的政治意志、政治行为的要求。可以说没有一定的结构，政治主体就无法发挥作用。议会监督主体也具有一定的结构，由于议会的各种功能基本上是由同一政治主体承担的，所以，监督主体结构与议会组织结构基本上相一致。这里按国别进行描述。

1. 英国议会的结构

英国议会由上院和下议院两院组成，上院又叫贵族院，不是由选举产生，而是由各类贵族组成。下议院议员由选举产生。由于上院的权力很小，其组织机构很少，它设有议长 1 人，它有失业委员会、科学和技术委员会、欧洲经济共同体特别委员会等三个常设委议会。英国议会的权力基本都由下议院行使，因而下议院的组织机构较多，其基本构成是：第一，议长。议长的工作是主持下议院会议，领导下议院的管理工作。第二，下议院设立的五种委员会。这是下议院的实际工作机构。主要有：全院委员会、常设委员会、特别委员会、联合委员会、专门委员会。全院委员会是下议院全体议员的会议，其主要任务是承担讨论财政案等重要议案。常设委员会是下议院常设的工作机构，其重要任务是审议除财政案以外的其他各种议案。常设委员会的数目在不同时期有变化，最多时有 9 个，名称除个别有确定的专门名称（如苏格兰、威尔士委员会、私案委员会等）外，一般以 A、B、C、D、E……字母命名。每个委员会的人数在 16 人至 50 人之间，议员按党派人数的比例组成。特别委员会是为了研究特定事项而设立的临时性委员会，一般在 12 个至 15 个之间，其成员按党派比例分配。70 年代以来，"国有化工业委员会"、"经费委员会"、"科学技术委员会"、"公共账目委员会"等，经常被列为特别委员会。这类委员会在完成特定任务后，即被撤销。联合委员会是研究与下议院和上议院共同有关的问题而设立的机构，主要研究处理双方有争议的议案。专门委员会（或叫特别委员会），其主要任务是，负责研究各有关部大臣执行法律的情况，并将情况向下议院报告，以贯彻议会对政府的监督，专门委员会下面设有若干小组。第三，议会党团。英国是典型的内阁制国家，保守党党魁由党籍议会议员选举产生，当选人必须获得半数加百分之十五选票。内阁或影子内阁由资深议会议员担任，因此党籍议会议员在这一制度下，有较大的政治权力。保守党在下议院设有党团会议，有全体保守党议员组成，党团会议领袖通常有党魁指定一位资深议员担任。在内阁制国家，议会强调资深制与纪律，党团会议通常由资深议员支配。保守党议会党团下设功能委员会及业务委员会，功能委员会负责各种政策的研究，业务委员会则负责整合各功能委员会的意见。从 1922 年开始，由后排议员组成的委员会，每周邀请内阁阁员或影子内阁成员、议场干事会商，转达后排议员的意见。保守党设有议场干事，负责协调党籍议员，并敦促党籍议员支持正常决策。

保守党在中央党部设有研究部门，负责政策研究，研究部门的建议送交顾问委员会，顾问委员会以资深议会议员为主。保守党党魁具有实权。近十年来，均担任首相，成为最具有实权的领袖。保守党议会议员对于党的政策必须支持，除非特殊例外，否则必须接受处罚。

工党在下议院设有议会工党，由全体工党议员组成，工党的党魁目前并非由工党议员选举，1981 年之后，工党党魁由工联、议会、地方党部共同选举产生。

议会工党在下议院设有正副领袖与党干事，由全体工党议员选举，负责议程的规划及督促工党议员。工党也由资深议员组成影子内阁或内阁，为了安排后排议员与内阁或影子内阁的沟通，设有联络委员会。议会工党也设有各工作组，负责研究各种政策。

议会工党在政党内部的自主权不如保守党，工党由工联等团体组成，工联支配全国代表大会、中央执行委员会，他们要求议会工党必须向全国代表大会报告，议会工党与全国代表大会、中央执行委员会容易出现紧张关系。可是一般而言，议会工党在工党内部扮演重要角色，工党党魁一定由议会议员出任。

此外，英国下议院还于1967年颁布《英国议会行政监察专员法》设立议会行政监察专员和公署，由议会行政监察专员领导。下议院中设有11人组成的特别委员会，即行政监察专员特别委员会，专门处理协调监察专员公署的工作。监察专员公署作为议会的一个代理机关，辅佐议会监督中央各部工作中的各项错误及管理不善的行为。

2. 日本国会的结构

日本国会由参议院和众议院组成，两院议员均由选举产生。两院的组织结构基本相同。大致情况是：第一，议长、副议长和临时议长。他们分别由两议院的议员互选产生。依《国会法》第十九条规定："各议院议长，应维持该议院之秩序，整理议事，监督该议院之事务，代表议院。"副议长是议院第二号人物，在议长旁边有其座位，但他与临时议长都为预备代行议长职务而设，其本身除非议长因故或出缺不能执行职务时，代理其职务，平常无特殊职权。第二，委员会。议院委员会分为常任委员会和特别委员会两种。各常任委员会还设有小组委员会。第三，议会党团。日本自民党在党大会之下有两院议员总会，并分设众议院议员总会，参议院议员总会。在参众议院，分别设有自民党国会对策委员会，负责执行党中央的决策，并与其他政党协调。

自民党国会议员的影响力，表现在党中央的运作上，自民党总裁由党大会选举或由参众议员选举产生，通常具有国会议员身份。自民党的干事长、总务会长、政调会长，也均由资深国会议员兼任。自民党长期执政，内阁阁员均由担任多届的参众议员兼任。

总务会是自民党的决策核心，有三十位委员，其中总裁派任八人，其他二十二人，分别由参议院选出七人，众议院选出十五人。政调会是自民党政策研究与设计中心，政调会设会长、会长代理各一人，副会长七人，其中众议员五人，参议员二人。政调会下设部会、调查会、特别调查会，部会依国会常设委员会性质而成立，由自民党国会议员加入。因自民党长期执政，行政部门送交国会的政策，事先均向政调会各部会、调查会提出，由各部会、调查会提供修正意见。政调会副会长由总务会认可，各部会正副会长经政调会长任命，总务会认可。政调会另设审议会，由二十名参众议员组成，负责审查各部会、调查会提出的研究报告。特别委员会、特别调查会是针对特别问题而成立的机构，委员长由资深国会议员出任。

日本自民党国会议员通过在政调会的参与，决定政党的政策决定。政调会设有事务局，负责协助研究、调查工作，并与行政部门协调。日本自民党高级干部、内阁阁员，均由国会议员兼任，国会议员成为政治晋升的唯一途径。日本自民党的国会党团与中央党部几乎合而为一。

自民党的总务会、政调会均明文规定由国会议员出任干部，在西方国家并不常见，可是此种运作方式，使党务、行政、立法三部门合一，不会发生各自为政、政策不一致的现象。

3. 法国议会的结构

法国议会有国民议会和参议院组成，均由选举产生。其组织结构是：第一，两院议长。两院议长除分别具有主持本院的当然权力外，宪法还明确规定了其他权力，即：总统在宣布解散国民议会前，应事先征询两院议长的意见（第十二条）；总统在行使"非常权力"前，要与两院议长进行磋商（第十六条）；总统缺位或因发生故障不能行使职权时，由参议院议长临时行使共和国总统的职权（第七条）。两院议长分别有权任命宪法委员会3名委员（第五十六条）。第二，国会秘书处。两院均设有秘书处，它是国会所有组织与运作的核心。它负责安排国会的议程、讨论事项与方式以及一般重要的行政工作。大体上，秘书处包括了三种人员，即：副议长，国民议会设副议长六名，参议院则有四名。为增加其功能及代表性，通常副议长皆来自各重要党团的代表。其主要任务是代理议长主持会议；会计主任，两院均设有三位会计主任（即是由国民议员兼任），负责两院的财务、经费收支的业务；秘书，国民议会设有十二名秘书，参议院有八名，主要负责投票、检票计算工作。第三，主席会议。该会议每周召开一次，由正副议长、党团主席、委员会召集人，以及会计主任等人一同参加讨论。其主要任务是协调各方意见，安排审议法案的优先顺序及讨论方式。第四，宪法规定国会常设委员会不得超过六个。目前国民议会中的六个委员会为：社会家庭及文化委员会、外交委员会、军事与国防委员会、财经与建设委员会、行政与法制委员会，以及交流与生产委员会。其成员依委员会所有名额、党团的比例及议员意愿组合而成。参议院则有：经济与建设委员会、文化委员会、社会委员会、军事国防与外交委员会、财政与预算委员会，以及行政与法制委员会。委员会的工作是在法案尚未提交国会公开讨论之前加以审议或提出修正意见，在必要时也可举行听证会。第五，党团。根据两院组织法规定，国民议会需有二十人（原为三十人，1988 年 6 月后改为二十人），参议院需有十五人始可正式组织党团。目前，国民议会共有六个党团，分别为共和联盟、独立共和人士联盟、中间联盟、欧洲民主联盟、社会党、共产党。党团主席可要求暂时休会或公开投票。①

4. 美国国会的结构

美国国会由参议院和众议院两院组成，两院议员均由选举产生。美国国会的组织结构与其他国家的国会组织相比而言相当复杂。其基本结构如下：

第一，众议院议长、参议院临时议长。众议院议长由众议院多数党党团会议在新国会召开前从本党议员中提名，经众议院选举产生。众议院议长是国会的最显要人物，他是众议院的领袖，众议院多数党领袖，仅次于副总统的继承人。他拥有许多正式的和非正式的权力。今天的议长权力虽不如 20 世纪初那么大，但议长仍是一个重要职务。他可以利用这一职务在议会中发挥重要作用。参议院临时议长是一个荣誉职务，并无实权。根据宪法规定，参议院议长由副总统担任，参议院选出一名临时议长（由多数党党团会议提名，一般是资历最深的参议员）。在副总统缺席或行使总统职务时主持参议院全院会议。但副总统和临时议长都不常主持会议，而是指定某个资历较浅的参议员来主持参议院会议。在参议院，真正领导权掌握在多数党领袖和少数党领袖手中。

第二，国会各委员会。两院的委员会处于立法程序的核心。国会的真

---

① 转引自林嘉诚等《民主制度设计》，（中国台湾）业强出版社 1992 年版，第 259、262 页。

正立法工作、监督工作是在委员会进行的，国会的大部分权力掌握在委员会和小组委员会主席手中。

第三，国会党团。美国民主党在参众两院均设有国会党团，由全体民主党籍参众议员加入。全体民主党籍众议员选举众议院民主党领袖。另有党鞭、副党鞭、助理党鞭，通常由资深议员出任，并考虑区域分配。

民主党在众议院设有民主党议员大会，设有主席与书记，负责选举国会党团干部及重大政策决定。政策与选派委员会，由议长担任主席，党领袖与议员大会主席担任副主席，由三十位委员组成，议员大会书记、拨款、预算、院务、程序委员会主席为当然委员，其他委员，九位由议长任命，三位由议员大会选举，九位由区域议员选举。该会负责提名民主党众议员参加各常设委员会，并对议程、政策提出建议。众议院竞选委员会负责支持现任众议员竞选连任，提供必要的协助。民主党在众议院还有一些非正式组织，例如众议院民主党议员研究小组，负责问题的研究、议程的控制等。

民主党在参议院设有领袖、党鞭、副党鞭，由全体民主党参议员组成的民主党议员大会选举产生。政策委员会由八位委员组成，党领袖兼任主席，负责议程规划，提名委员会由二十二位委员组成，负责分派民主党参议员参加各常设委员会。民主党参议院竞选委员会，负责对现任参议员竞选连任的协助。

共和党在参众议院的组织，与民主党大致相似，共和党在众议院设有共和党议员大会，选举党领袖及对立法政策的决议，另有党鞭、区域党鞭；提名委员会由党领袖担任主席，委员由各州议员团选举，负责提名共和党众议员参加各常设委员会。政策委员会由党领袖、党鞭、议员大会主席、副主席、书记组成，并由八个地区议员选举其他委员，负责对立法政策的规划。共和党众议院竞选委员会，负责对现任共和党众议员的竞选连任。共和党在众议院也有研究团体，负责政策的研究。

共和党在参议院有议员大会，设主席及书记，负责选举党领袖与重大政策决议；另有党鞭、区域党鞭。政策委员会有二十二人，党正副领袖、党员大会主席、书记为当然委员，负责对政策与议程的规划。提名委员会由十八位委员组成，负责提名共和党参议员参加各常设委员会。共和党参议员竞选委员会由七位委员组成，负责协助共和党参议员竞选连任。

由民主党、共和党在参众两院的组织分析之，两党均由党籍议员选举党领袖，但是均尊重资深制。两党的次级组织，以政策、提名、竞选委员会为主。两党国会党团自主性甚高，尤其该党未入主白宫时，该党国会党团等于最具实力的组织。如果总统为该党党员，该党国会党团必须与总统分享决策权。民主党长期在参众议院为多数党，因此实权更大。美国民主、共和两党国会议员提名均采用初选制，加上美国是总统制与联邦体制，国会党纪不似内阁制严格，国会党团内部的凝聚力稍受影响。

第四，议员的非正式组织。它是在国会中存在的许多反映议员政治和利益的非正式组织。由于政党的影响削弱，这些团体的重要性增大了，其中比较重要的有：民主党研究会，是众议院自由派民主党人的组织，成立于1959年，宗旨是促进自由派民主党人之间的交流和团结；保守派民主论坛，是众议院保守派民主党人的转化，有时被称为"棉铃象鼻虫"，因为其成员多是南部民主党人，这是同民主党研究会唱对台戏的团体；星期三集团，这是众议院少数温和派共和党人的组织，每星期三集会讨论立法；州代表团，来自某些大州（如加利福尼亚、纽约、得克萨斯等）的众议员在一起开会，讨论与共同利益有关的事项。有一些州的代表团在许多问题上投一样的票，这是因为有强有力的地方党的影响；专门的议员团，即国会中有许多促进种族或地区利益、促进某些政策的议员团。有钢铁议员团、蘑菇议员团、滚筒珠轴议员联盟、东北部和中西部经济协进联盟、环境政策委员会、造船厂联盟，以及妇女议员、说西班牙语议员和黑人议员团，等等。

（二）议员

按照结构—功能分析方法，我把议员视为政治角色，"政治角色是政治体系的基本单位之一。角色的组合就是结构。……结构（例如立法机关）是由各种相互关联而又相互作用的角色组成的；政治体系则是由相互作用的结构（例如立法机关、选民、压力集团和法院等）构成的"。[①]

---

① ［美］加布里埃尔·A. 阿尔蒙德：《比较政治学：体系、过程和政策》，上海译文出版社1987年版，第14页。

"一个角色就是一种规则化的行为模式，它是通过人们自己的和他人的期望和行动而建立起来的。……描述一个政治结构也就说明了各种角色之间的联系；每个人各就其位，在这个位置上，人们期望他经常按一定的方式行事。"① 可以说，议员是议会监督结构中最重要的具有决定性作用角色，议会监督权的结构与功能的转化的决定因素是议员。据此可以得出这样的结论，议会监督功能是否能有效发挥、监督机制有效运作的程度、监督力度能否加强、监督效果能否增强，其关键因素是议员。

议员是议会监督的最重要主体，但并不是说是议员就能够积极主动、尽力去履行监督职责，制约议员履行监督职责的因素有许多，诸如议员与选民的关系、议员与党派及利益集团的关系、议员的自身素质、议员的权力意识、议员的参政能力、议员职业化、议员的待遇、议员的行为规则、议员的权力大小、议员的自由程度和独立性等。这里试图通过考察有关西方国家议员作为个体的自身的情况，探讨它与议员履行议会监督职责的关系。

1. 议员的年龄、职业、连任、教育程度的情况分析。下面是有关上述四个方面的资料，见表4—5—4—10：

表4—5　　　　　美国国会议员的性别、年龄、种族和婚姻状况

国会（届）	女性	黑人	未婚	40岁以下	40—49岁	50—59岁	60—69岁	70—79岁	80岁以上
众议员									
92（1971）	12	12	26	40	133	152	86	19	3
93（1973）	14	15	34	45	132	154	80	20	2
94（1975）	19	15	54	69	138	137	75	14	2
95（1977）	18	16	56	81	121	147	71	15	0
96（1979）	16	16	69	86	125	145	63	14	0
97（1981）	19	16	86	94	142	132	54	12	1
98（1983）	21	20	68	86	145	132	57	13	1

---

① ［美］加布里埃尔·A. 阿尔蒙德等：《比较政治学：体系、过程和政策》，上海译文出版社1987年版，第62页。

续表

国会（届）	女性	黑人	未婚	40 岁以下	40—49 岁	50—59 岁	60—69 岁	70—79 岁	80 岁以上
99（1985）	22	19	69	71	154	131	59	17	2
100（1987）	23	22	64	63	153	137	56	24	2
101（1989）	25	23		41	163	131	74	20	2
参议员									
92（1971）	1	1	3	4	24	32	23	16	1
93（1973）	0	1	4	3	25	37	23	11	1
94（1975）	0	1	6	5	21	35	24	15	0
95（1977）	0	1	9	6	26	35	21	10	2
96（1979）	1	0	5	10	31	33	17	8	1
97（1981）	2	0	7	9	35	36	14	6	0
98（1983）	2	0	10	7	28	39	20	3	3
99（1985）	2	0	8	4	27	38	25	4	2
100（1987）	2	0	11	5	30	36	22	5	2
101（1989）	2	0		0	30	40	22	6	2

表 4—6   美众、参两院在职议员连任、落选及退休情况（1946—1988）①

年份	退休者	争取连任者	落选者		连任者	
			预选	大选	总数	占争取连任者（%）
众议院						
1946	32	398	18	52	328	82.4
1948	29	400	15	68	317	79.3
1950	29	400	6	32	362	90.5
1952	42	389	9	26	354	91.0
1954	24	407	6	22	379	93.1
1956	21	411	6	16	389	94.6

---

① 梅孜编译：《美国政治统计手册》，时事出版社 1992 年版，第 33—36 页。

续表

年份	退休者	争取连任者	落 选 者		连 任 者	
			预选	大选	总数	占争取连任者（%）
1958	33	396	3	37	356	89.9
1960	26	405	5	25	375	92.6
1962	24	402	12	22	368	91.5
1964	33	397	8	45	344	86.6
1966	22	411	8	41	362	88.1
1968	23	409	4	9	396	96.8
1970	29	401	10	12	365	94.5
1972	40	390	12	13	343	93.6
1974	43	391	8	40	368	87.7
1976	47	384	3	13	358	95.8
1978	49	382	5	19	361	93.7
1980	34	398	6	31	354	90.7
1982	40	393	10	29	354	90.1
1984	22	409	3	16	390	95.4
1986	38	393	2	6	385	98.0
1988	23	409	1	6	402	98.5
1946	9	30	6	7	17	56.7
1948	8	25	2	8	15	60.0
1950	4	32	5	5	22	68.8
1952	4	31	2	9	20	64.5
1954	6	32	2	6	24	75.0
1956	6	29	0	4	25	86.2
1958	6	28	0	10	18	64.3
1960	5	29	0	1	28	96.6
1962	4	35	1	5	29	82.9
1964	2	33	1	4	28	84.8
1966	3	32	3	1	28	87.5
1968	6	28	4	4	20	71.4

续表

年份	退休者	争取连任者	落选者		连任者	
			预选	大选	总数	占争取连任者（%）
1970	4	31	1	6	24	77.4
1972	6	27	2	5	20	74.1
1974	7	27	2	2	23	85.2
1976	8	25	0	9	16	64.0
1978	10	25	3	7	15	60.0
1980	5	29	4	9	16	55.2
1982	3	30	0	0	28	93.3
1984	4	29	0	3	26	89.6
1986	6	28	0	7	21	75.0
1988	6	27	0	4	23	85.2

表 4—7　　　　　　　　　美众、参议员的教育程度[①]　　　　　　　　（%）

教育程度	第 1 届		教育程度	第 100 届	
	众	参		众	参
未读大学	49	41	无大学毕业	11	6
大学肄业	3	3	大学毕业	28	15
大学毕业	48	56	研究生学位	61	79

表 4—8　　　　　　　　英国下议院议员的职业（1979）[②]

职业	保守党（%）	劳工党（%）	自由党（%）	其他（%）
自由职业	28.0 (95)	37.3 (100)	45.4 (5)	41.2 (7)
商业	58.1 (197)	7.1 (19)	36.4 (4)	47.0 (8)
工人	0.6 (2)	33.5 (87)	—	5.9 (1)
其他	13.3 (45)	131.1 (62)	18.2 (2)	—
未详	—	—	—	5.9 (1)
总计	100.0 (339)	100.0 (268)	100.0 (11)	100.0 (17)

---

① ［美］加里·沃塞曼：《美国政治基础》，陆震伦等译，中国社会科学出版社 1994 年版，第 73 页。

② 陈志尧：《英国国会》，（中国台湾）商务印书馆 1986 年版，第 27 页。

表4—9　　　　　英国下议院议员的教育程度（1979）[①]　　　　（%）

	保守党%	劳工党%	自由党	其他	总计
初等	0.3（1）	9.7（26）	—	11.8（2）	4.6（29）
中等	22.7（77）	19.8（53）	36.4（4）	23.5（4）	21.7（138）
中等以上	5.3（18）	17.9（48）	9.1（1）	23.5（4）	11.2（71）
大学	71.7（243）	52.6（141）	54.5（6）	41.2（7）	62.5（397）
总计	100.0（339）	100.0（268）	100.0（11）	100.0（17）	100.0（635）

表4—10　　　　英国下议院议员永久性程度（1970年大选）[②]

	保守党	劳工党	其他
1970年首次当选	83	64	3
1970年前当选	247	223	10
1960年前当选	165	116	4

　　从上面的资料中可以看出：首先，从年龄上看，40—49岁和50—59岁这两个年龄段的议员占大多数。其次，从议员的职业上看，从事律师、商业和银行业的人明显多于其他职业。再次，从教育程度上看，大学文化以上程度占多数，尤其是美国众参两院议员有研究生学位的分别达61%、79%（第100届国会）。最后，大多数议员在议会都连任过，有较长的议会工作经验。40—49岁和50—59岁这两个年龄段的人：事业有成、社会经验丰富、理性判断力强，而且较稳重。从事律师、商业和银行业的人，敏捷反应能力强，权力意识强，有责任心和进取意识。高学历说明议员构成基本素质好，具有较强的研究分析问题处理问题的能力。大多数议会都连任议员，说明议员议会工作经验丰富、业务熟练、活动能力强。同时，立法机关也具有了稳定性，议员走向专业化或职业化，有利于行使立法机

---

　　①　陈志尧：《英国国会》，（中国台湾）商务印书馆1986年版，第25—26页。
　　②　同上书，第24页。

关赋予的职权。以上这些因素都有利于议会监督活动的开展。它们是使议会监督权得以有效实施的关键因素。

2. 待遇。这里指经济待遇，包括年薪及其他物质福利等，西方各国议员的待遇略有不同。英国下议院议员正式由中央政府支付议员年薪自 1911 年 8 月开始，每年 400 英镑。此后逐次增加到 1972 年的 3250 英镑，1980 年 6 月的 11750 英镑，1981 年 6 月的 13950 英镑，1982 年 2 月的 14510 英镑，1986 年 1 月增加到 17702 英镑，此外，选举区在伦敦者，1985 年另增加 908 英镑一年，伦敦以外者为 6696 英镑作为在伦敦另租住所的津贴。议员担任政府部次长及下议院职务者，因另有薪俸，故议员薪金减低为每年 1170 英镑。这里列出 1986 年度议会薪俸表 4—11：①

表 4—11

兼任政府首长者		兼任平民院职务者	
首相	56120 镑	反对党党魁	42200 镑
议长	46650 镑	政府正党鞭	39360 镑
内阁部长（平民院）	45000 镑	政府副正党鞭	35170 镑
内阁部长（贵族院）	34820 镑	反对党正党鞭	35170 镑
政务次长（平民院）	35170 镑	反对党副正党鞭	23580 镑
政务次长（贵族院）	29320 镑	政府党鞭	26500 镑
国会次长（平民院）	29440 镑	助理反对党党鞭	26500 镑
国会次长（贵族院）	23580 镑	筹款委员会主席	33590 镑
辩护律师长	47110 镑	筹款委员会副主席	30840 镑
律师长	40670 镑		
检事	34890 镑		
苏格兰律师长	36330 镑		

除去薪俸外，议员可免费享受其他利益，自 1924 年起可在选举区及伦敦间免费搭乘火车，1932 年增加为可免费搭乘三等卧铺，1936 年改为

① 陈志尧：《英国国会》，（中国台湾）商务印书馆 1986 年版，第 31—32 页。

头等卧铺，1945 年可免费乘飞机，1946 年可领自备汽车行程津贴（此项津贴限于自选举区到伦敦，在选举区以内或到地方政府及附属机关为限）。1971 年起议员夫人及其未成年子女每年可免费自选举区到伦敦乘火车来回十次，现增加为十五次并可搭乘飞机或轮船。1911 年起免费用公家信纸、信封及邮票。1969 年起免费自议会打国内电话。1969 年起雇用女秘书或助理研究员，政府津贴 500 英镑，1980 年起津贴 8000 英镑，1982 年为 8820 英镑，1986 年增为 12260 英镑。此外，议员还有本身职业的收入以及政治捐款等收入。议员还参加养老金基金计划，使议员退休后生活有保障。

美国国会参、众议院的议员的待遇是比较优厚的。参、众议员的薪水相同，1985 年年薪是 75100 美元（须缴纳所得税，相当于行政部门副部长的薪水）。众议院议长的年薪为 97900 美元，和副总统、最高法院首席大法官大体持平，高于内阁级部长。参议院临时议长，参、众两院多数党领袖和少数党领袖的年薪高于一般议员，但略低于内阁级部长。与其他阶层的收入比较，议员薪金是相当高的。

除年薪外，国会议员还享有许多优厚的待遇。《国会：美国的特权阶层》一书中，对国会议员所享有的待遇进行了详细描述如下。

医疗服务：国会山有一个医疗服务机构，这个机构只限为议员提供医疗咨询、提供药品。此外还有特殊服务，包括医疗快速反应小组，救护服务，完全的医疗实验，X 光透视和药品服务，免费医疗检查，免费输血，免费免疫和过敏性注射。除此之外，每年只需交 400 美元（以前是 100 美元），参议员和他们的雇员可以使用参议院健康俱乐部康乐中心，包括一个私人体育馆，在体育馆里可以游泳、举重、接受按摩。近年来公众对议会特权表示不满迫使议会增加到 520 美元去享受国会山的医疗服务。

保险津贴：所有议员都参加联邦雇员健康计划。众议员的人寿保险为 99000 美元，参议员是 101000 美元。

住房津贴：议员每年享有 3000 美元的住房补贴。

居住环境改善：为使在华盛顿的议员感到舒适满意，国会采取了一系列的措施：特别的橙色汽车牌照允许在任何地方停车（在哥伦比亚特区执行公务时）；在特定地点免费停车；每位议员都有一个私人用的免费车库，每位众议员还有四个车库和两个露天停车地点给他的雇员，每位参议员分别配有三个车库给他的高级助手；议员在国会山洗车可享受特别优惠：仅 3 美元，在华盛顿特区其他地方也仅在 10—14 美元之间；为执行公务议员可租用汽车；议员可以免费利用议会的录音、录像设备制作录音带、录像带在自己的选区分发，他们还可以免费接受通过卫星传输的收音机和电视服务；议员有权利在华盛顿住所接入两条每月付费的国际长途电话线。每位议员可以拥有一条联邦电话系统线路，在公务时间以外或在假期和周末进行长途通信；在公务活动时可以得到食品和饮料补助；议员为了在选区或对新闻媒介散发自己的照片所需照相费用可以得到补偿；议员在设在参、众两院办公楼的参、众议员理发店、美容店理发、修指甲、擦皮鞋、修鞋可打折扣；议员及其家属可以为个人目的从国会图书馆借阅资料；议员可以从国家艺术馆借出一些名画、印刷品陈列在自己的办公室；议员和他们的雇员可以在他们自己的贴现商店购买东西；议员、雇员和客人在议会食堂吃饭可享受津贴或补助。直到 1991 年 10 月，他们还允许签单吃饭，那些年一些饭单超过 300000 美元，许多账单几年后才付；议员可以优先迅速而且免费办理护照，而一般公民至少要两周花费 75 美元；邮政服务机构对于议员免费寄的橘色包裹提供特殊办理办法，并提供特别的一天传递服务；议员到国会开会有专用电梯，专门的地下通车道；议员有一个特别的国会山 IRS 办公室，帮助议员准备所得税申报书；国会还为自己建立了绝对隐蔽的钢筋水泥掩体，足能抵挡最大限度的核爆炸；众议院设有银行，议员可以随意透支现金，承兑支票。

每位议员享有两项基本支出的权利：一是雇员雇用的津贴；二是办公费用支出津贴。

雇员雇用津贴：用于在华盛顿和议员的选区雇用职员。每位议员可以雇用 21 个职员。1990 年每位议员享有的这类津贴总额达到 441120 美元。

办公支出津贴（OEA）：基本数额为 67000 美元；最低限度的旅游费为 6200 美元，或者数额相当于 32 次回程费用（从华盛顿到议员所居住的地区之间）；最低限度的长途电话费为 6000 美元，或者数额相当于 15000 分钟长途电话服务；可以在议员选区租用 2500 立方米办公场所。按办公支出津贴标准，每年的 OEA 从 106000 美元到 302218 美元不等。每年平均津贴是 146388 美元。除 OEA 之外，众议员还有额外的 35000 美元的津贴用于在选区办公室购买家具、地毯、装饰布、办公设备等。参议员的待遇比众议员更为优厚。每位参议员有 269000 美元津贴，用于雇用他在委员会的代表，参议员在行政管理和办公上的助理津贴依参议员所来的州的人口多少而定。来自人口最多的加利福尼亚州的参议员可得到 1700000 美元，来自人口最少的怀俄明州的参议员可得到 814000 美元，这些钱用于参议员雇用他所需的工作人员。①

除上述的待遇之外，国会议员由于他们担任议员的职务而获得的其他收入，如议员每年收到的各种酬金、演讲、出席仪式等带来的国会外活动收入也很可观。

从英美议员的待遇情况来看，议员的收入相当可观，而且工作条件也很好。与英国议员相比，美国议员的待遇更加优厚，可以看出美国纳税人十分看重国会议员的工作。美国一位学者指出"看来，为了管住政府，美国纳税人宁愿花费巨资，给国会议员们披挂整齐"。② 英国下议院一个专门委员会曾于 1954 年提出了有关议员用费的报告，报告提出："给予议会议员的薪金数额，应当能使所有各界的男人们和女人们可以进入这个公共服务的领域，而不感到对他们自己和他们的家属在财政上的牺牲太大……但如果下院变成了这样一个场所，在这里议员们由于趋避经济压迫的紧急需要而不能尽力贡献其长，那对于国家也同样是很大的损失。"③可以说，西方议员收入较高，而且工作条件优越，在社会中享有较高的声誉，这些都是议员能够积极履行自己职责的因素。

（三）议会幕僚

议会幕僚是指议员的个人助理，委员会的工作人员、议会党团和附属机构的工作人员、辅助机构及人员，以及行政后勤机构等，这些机构和人员是维持议会正常运转不可缺少的因素。

1. 美国国会的幕僚。大致可分为三类：第一，国会议员个人助理；美国参、众两院分别到 1885 年和 1893 年才正式开始设个人助理。现在已形成制度。就 1985 年而言，国会给予议员雇用个人助理的补助，众议员

---

① H. Ion Henry：Congress：America's Privileged Class. Prima public hing. 1994，p. 26.

② 蒋劲松：《美国国会史》，海南出版社 1992 年版，第 209 页。

③ ［英］埃弗尔·詹宁斯：《英国议会》，商务印书馆 1959 年版，第 53 页。

每人每年有 379480 美元，约可雇用 18 名专任助理和四名临时助理；参议员的补助则视各州人口多寡及选区距华盛顿的远近而定，参议员所雇用人数有 13 人至 71 人不等，平均而言，每个参议员约有 31 个助理。① 第二，委员会幕僚：常设委员会在 1900 年才开始获得政府补助设置全职的助理。现在常设委员会众议院有 22 个，参议院有 16 个。大多数委员会下均设有小组委员会。1946 年通过的《国会改革法》规定：常设委员会可雇用 10 名专业幕僚，其后通过多次修正案，将其人数提高，并且将政党比例列入了雇用幕僚人员的考虑中。自 1960 年代到 1990 年，美国国会委员会幕僚人数增加情况是（见表 4—12）：②

表 4—12

年　　代	委员会幕僚人数
1960	910
1970	1337
1980	3108
1990	2860

　　第三，专业幕僚：包括国会研究部、国会预算局（会计总局）、技术评价局等机构。国会研究部成立于 1914 年，是国会图书馆的一个部门，原名为国会参考咨询处，1970 年改为现名，并开始进行大范围的政策研究，现雇用人员近 900 名；国会预算局于 1974 年成立，其主要目的在提供国会有关美国经济及联邦预算与计划等信息；审计局（会计总局）于 1921 年成立，其主要任务是监督政府部门，负责主要的计划评估；技术评价局于 1972 年设立，其主要任务是为委员会提供科技方面的研究和分析，作为立法的参考。除有 100 多名专职人员之外，还聘任专家进行专案研究；国会图书馆规模庞大，它提供国会议员和幕僚所需资料（见表 4—13）。

---

　　① Roger H. Davidson & Walter J. Oleszek, Congress and Its Members, Washington D. C. , Congressional quarterly Inc. , 1985, p. 245.

　　② 转引自林嘉诚等《民主制度设计》，（中国台湾）业强出版社 1992 年版，第 258 页。

表4—13　　　　美国国会幕僚人数统计表（1979—1987）[1]

项目	年份	1979	1981	1983	1985	1987
参议院	委员会幕僚	1410	1150	1176	1178	1207
	议员个人助理	3593	3945	4059	4097	4075
	党团或附属机构之幕僚	91	106	120	118	103
	行政幕僚	828	878	948	976	904
众议院	委员会幕僚	2027	1917	2068	2146	2136
	议员个人助理	7067	7487	7606	7528	7584
	党团或附属机构之幕僚	162	127	135	144	138
	行政幕僚	1487	1686	1728	1818	1845
专业幕僚	国会预算局	207	218	211	222	226
	审计局	5303	5182	4960	5042	5016
	技术评价局	1453	130	130	143	143
	国会图书馆	5390	4799	4815	4809	4824
	联席委员会幕僚	138	126	123	131	132
	营建缮修幕僚	2296	1986	2061	2073	2412
	国会警卫	1167	1163	1148	1227	1250

　　2. 英国下议院幕僚。英国下议院幕僚除了议员各自雇用的助理外，属于下议院正式组织编制的有6个部门：秘书处：负责院会议事安排等工作。秘书处下设6个单位，包括委员会办公室、公法案办公室、私法案办公室、议场办公室、议事办公室、海外关系办公室。由于下议院委员会办公室的职员均由秘书长任命，且统一由委员会办公室调派，委员会主席无权任用自己的幕僚。各委员会除设有委员会助理、秘书之外，可聘用若干专职专家助理和兼职性质的专家顾问；警卫处：该处负责各议场和院内其他区域的警卫工作。编制为186人，分两组办事；图书馆：目前图书馆共有156位专职人员，分两个部门办事，一是立法咨询组，提供各种书籍、文件和资料给议员和助理作参考；二是研究组，有研究人员25人，下设

　　① 转引自林嘉诚等《民主制度设计》，（中国台湾）业强出版社1992年版，第259页。

6 个专业小组，包括经济事务小组、国际事务及国防小组、教育及社会服务小组、内政及议事小组、统计小组、科学及环境小组；行政处：综合办理各类行政服务、人事政策，以及全院会计事项，目前共有 92 人；公报处：负责会议所有发言记录与公布事项，目前有 84 人；餐饮处：该处大多数人员是由院外招聘，目前约有 238 人。

　　3. 日本国会幕僚。日本国会幕僚包括议院事务局、法制局、委员会设立的常任委员会调查室和特别委员会调查室、国会图书馆及其特设的调查和立法考查局，以及议员个人助理。事务局：参、众两院均设事务局，总理院内一般行政事务。设事务总长一人，其下设有秘书、议事、委员、记录、警卫、庶务、管理和对外关系等七处，据统计，众议院事务局共有 1716 人，参议院事务局有 1268 人；① 常任委员会调查室：依日本国会法规定，各常任委员会设调查室，设一名专门人员任室主任，10 名左右的调查员，其主要任务是针对具体而个别的法案，提供常任委员会各项立法上的协助。另外，日本国会针对一些特别的议案，并且非属任何常任委员会的范围，则另设特别委员会来处理，此特别委员会也设有调查室，即特别调查室，这种委员会及调查室是临时性的，随着议案的审查终了而结束；法制局：参、众两院均设有法制局，设局长一人，共有 72 名左右的职员，其主要任务是针对议员个人的提案，从构想的参与，以至于相关立法的调查和评估工作；日本国会图书馆：日本国会图书馆包括中央馆、国会分馆、支部上野图书馆、支部东洋文库，以及行政和司法部门内设置的 35 个图书分馆。在国会图书馆中专门负责国会相关事务的，主要是中央馆下的调查和立法考查局。此局是针对一般性的国内外立法相关资料进行搜集、整理和分析，以提供议员作参考。该局目前有 12 个调查室；议员个人助理：国会目前以公费补助每位议员得以雇用 2 名助理，这 2 名助理属于国家公务员特例，虽可以享有各类公务员的福利，但却不受保守机密等严格的公务员法的拘束。另外，每位议员可领取一张甲种助理人员证，此证可以通行于国会内各场所，但不得旁听院会或委员会会议。每位议员还可领取 5 张乙种助理证，凭此证，助理人员可通行于国会议员会馆。

---

　　① 转引自林嘉诚等《民主制度设计》，（中国台湾）业强出版社 1992 年版，第 262 页。

　　综上所述可以看出，西方各国议会均设有议会幕僚，他们是国会及议员行使职权的必要辅助机构和人员，尤其是在当代社会，随着社会政治、经济、技术、文化的发展，议会所面临的压力也增加，任务日益复杂、繁重，国会工作也越来越专业化、技术化，设立幕僚是十分必要的。

　　以上分析了影响议会监督权运作的内部主要的两个要素，即议员和幕僚。实际上，支撑议会监督机制运作的要素还有许多，如组织结构，它是议会监督机制运作的组织基础。规则要素，它通过规范组织机构及人员行为及其相互关系，保证议会监督机制运作的有序性和有效性。规则要素中还应包括习惯或惯例，议会监督实践中形成的许多习惯也具有一定的约束力。再如技术要素，议会监督活动需要借助并运用现代科技手段，可以提高监督效率，这些技术手段包括现代传播技术手段、计算机技术手段、现代通信技术手段等。还有时间要素。这是议会进行监督活动的基本保证，议会监督力度与监督时间成正比例关系。用于监督的时间长，时间充足，对监督对象的调查就能详尽、深入、全面，否则，时间短，监督时间极有限，就达不到监督效果。西方议会用于监督的时间与立法时间一样，而且在大部分领域对大部分对象进行的是日常监督，其效果较明显。文中着重列举议员、幕僚两要素，只是想阐述这样的道理：保障议会监督权的有效运作的内部环境要素有许多，这些要素之间以不同的方式和规则相互作用同时又以不同方式、不同程度地对议会监督机制产生影响。议会监督权就是在这种相互作用、相互影响下运作的。

第五章

西方议会监督制度评价

　　前面四个章节，分别论述了西方议会监督权的来源、议会监督权的内容、议会监督的运行机制、议会监督权运作的环境要素。那么，从总体上如何认识和评价西方议会监督制度呢？在这一章节，我分四个问题进行论述。

一　对西方议会监督制度的总体把握和认识

　　从总体上把握和认识西方议会监督制度的本质，必须首先认识议会制的本质，因为，议会监督制度是议会制的一个组成部分，因此，在本质上是相同的。议会监督制度的本质从属于议会制的本质。

（一）　西方议会制的本质

　　关于西方议会制的本质，马克思主义经典作家有过论述。马克思指出："议会制只是统治阶级进行统治的有组织的总机构，只是旧秩序在政治上的保障、形式和表现。"[①] 议会 "它现在已经成了——至少在欧洲大陆上是如此——占有者阶级能继续统治生产者阶级的唯一可能的国家形式"[②]，"随着社会本身进入一个新阶段，即阶级斗争阶段，它的有组织的社会力量的性质，即国家政权的性质，也不能不跟着政变，并且它作为阶级专制工具的性质，作为用暴力长久保持财富占有者对财富生产者的社会奴役、资本

　　①　《马克思恩格斯选集》第 3 卷，人民出版社 1995 年版，第 98 页。
　　②　同上书，第 117 页。

对劳动的经济统治的政治机器的性质也越来越发展起来。"① 列宁曾指出："每隔几年决定一次究竟由统治阶级中的什么人在议会里镇压人民、压迫人民——这就是资产阶级议会制的真正本质,不仅在议会制的君主立宪国内是这样,而且在最民主的共和国也是这样。"② "任何一个议会制的国家,从美国到瑞士,从法国到英国和挪威等等,那里真正的'国家'工作是在后台决定而由各部、官厅和命令部来执行的。议会专门为了愚弄'老百姓'而从事空谈。"③ 列宁还指出:"凡是存在着土地和生产资料私有制、资本占统治地位的国家,不管怎样民主,都是资本主义国家,都是资本家用来控制工人阶级和贫苦农民的机器。至于普选权,立宪会议和议会,那不过是形式,不过是一种支票,丝毫也不能改变事情的实质。"④ 资产阶级的"民主共和制、立宪会议、全民选举等等实际上是资产阶级专政。"⑤ "议会制度并没有消除最民主的资产阶级共和国作为阶级压迫机关的本质,而是暴露出这种本质。"⑥ 上述经典作家关于资产阶级议会制本质的论断,虽然是早在 19 世纪末 20 世纪初作出的,但至今仍没有过时,当代西方议会制度作为资产阶级民主政治的一个组成部分,仍然是垄断资产阶级进行统治的工具,是为垄断资本家集团服务的。因为当今资本主义国家政权是由垄断资本家集团控制的,政权的实质显然就是为这多数垄断资本家集团服务。美国学者威廉·多姆霍夫曾经过十几年的调查研究,写出《当今谁统治美国》一书,作者列举了大量例证来说明美国存在着一个统治阶级,人数不过全体人口的 0.5%,但掌握着大量财富和权势,从各方面控制着美国社会。他的结论是:"美国的统治权是由权贵层来行使的,它是以财产为基础的统治阶级的领导集团。不管 60 年代和 70 年代的种种混乱,以及喋喋不休地谈论着的老是跟着我们的经济危机,美国仍然有一个人数很少的上层阶级,其成员握有全部私人财富的 20% 至

① 《马克思恩格斯选集》第 3 卷,人民出版社 1995 年版,第 118—119 页。
② 《列宁选集》第 3 卷,人民出版社 1995 年版,第 150 页。
③ 同上书,第 151 页。
④ 《列宁选集》第 4 卷,人民出版社 1996 年版,第 37 页。
⑤ 《列宁选集》第 3 卷,人民出版社 1995 年版,第 685 页。
⑥ 《列宁选集》第 2 卷,人民出版社 1995 年版,第 6 页。

25%，全部私有企业股票的45%至50%。"① 另一位美国学者托马斯·戴伊在其所著的《谁掌管美国》一书中也指出："事实上，占全国人口十万分之二的大约三千五百人，对全国半数的工业资产，近半数银行资产，交通运输业和公用事业资产的一半，以及保险业资产的三分之二，拥有正式的权力。这些人就是这些领域中最大公司的总经理和董事们。权力之所以集中于这些少数人手里，是因为工业和金融资产集中于少数巨型公司的缘故。"② 其他西方资本主义国家的资本和财富集中情况也大致如此，如在英国，"占总人口百分之五的人占有个人财富总额的半数以上，百分之十的人占有三分之二，百分之二十的人占有五分之四"。③ 在这种社会里，议会必然要受垄断资本的控制，必然为少数垄断资本家阶级服务。正如英国政治学家拉尔夫·密利本德所说："如果民主制被解释为民众参与决策和控制国事的处理办法，英国的政体就远非民主。……这一政体始终尽可能致力于扼制而决非助长民众行使决策权和处理国事的权力。民主的要求和政治的现实并不真正相适应。"④ 任何社会上层建筑都是产生和服务于相应的经济基础的，资产阶级议会作为生长在资本主义经济土壤上的上层建筑，归根结底是由生产资料的主人即资产阶级掌握的，是为巩固和发展资本主义私有制和雇用劳动关系服务，为协调资产阶级内部利益和巩固资产阶级统治服务，为其强权政治和对外扩张服务的。

认清西方议会制的本质的同时，还应该承认，"资产阶级的共和制、议会和普选制，所有这一切，从全世界社会发展来看，是一种巨大的进步"。⑤ 另一方面，还应把议会制本质与形式分别开来。列宁指出："没有代表机构，那么我们不可能想象什么民主，即使是无产阶级民主。"⑥ 作为代议制和代议机构的形式与资本主义议会制的本质是两回事，揭露资本主义议会制的本质不等于否定代议制这一形式，同时，肯定代议制这一形

---

① ［美］威廉·多姆霍夫：《当今谁统治美国？——八十年代的看法》，中国对外翻译出版公司1985年版，第226页。

② ［美］托马斯·戴伊：《谁掌管美国》，世界知识出版社1980年版，第23—24页。

③ 转引自［英］拉尔夫·密利本德《英国资产阶级民主制》，商务印书馆1988年版，第13页。

④ 同上书，第2页。

⑤ 《列宁选集》第4卷，人民出版社1996年版，第38页。

⑥ 《列宁选集》第3卷，人民出版社1995年版，第152页。

式不等于肯定资本主义议会制。事实上，代议制作为一种治理国家的形式和工具，它本质不是坏东西，是中性的，它作为人类文明的共同成果，谁都可以用。资本主义利用它为其服务，社会主义也可以利用它为广大人民服务，谁用就为谁服务。从这一角度讲，代议制这一形式是资产阶级在反封建专制斗争中逐步建立的，至今已有数百年的历史，资产阶级统治者在利用这一形式和工具时，创造了一些成功的经验，我们可以加以借鉴。

（二）西方议会监督制度的本质

西方议会监督制度从本质上讲是起着维护资本主义制度的作用，是为垄断资产阶级服务的。它通过监督，保证议会能对政府进行有效的政治控制，达到维护西方民主制度的目的。它是保障整个资产阶级统治的有效机制。垄断资产阶级要维护其政权，首先，要通过法律制度规定一套协调其内部各利益集团利益冲突的有效机制，也需要通过法制来规范各利益集团各政党之间的权力斗争，更需要建立一套权力的监督制约机制来防止专制和权力滥用。议会监督制度就具有这一功能，它体现了资本主义的权力制约原则。无论是内阁制或是总统制国家的议会均享有监督政府权，对政府权力实行制约，有利于在一定程度上防止行政专断、滥用权力。如果没有这一监督制约机制，权力得不到有效制约和监督，出现专制、专断，甚至独裁，其结果是破坏了资本主义权力分立的基本原则，也损害了资产阶级统治者本身的利益。议会监督制度也给不同利益集团，不同政党进行权力斗争提供了条件。在总统制国家，议会的多数党不一定就是执政党，因而，议会中的多数党往往与总统闹对立，在许多问题上比如人事任命、预算案、法案等方面制约总统。在内阁制国家，由于议会中反对党的存在或有各个少数党的联合，往往利用各种机会对执政党进行批评、揭短，甚至提出不信任案，迫使内阁辞职，但这些斗争都是在统治阶级内部之间进行的。无论在权力斗争中谁占了上风，都对整个资产阶级统治有利而无害。其次，议会监督制度在调整统治阶级与被统治阶级的关系方面设计得也很精巧。根据资产阶级的政治理论，议员是选民选举产生，代表选民行使监督政府的权力。选民对政府所提出的批评、表示的愤怒和不满，均可以通过代议机构及议员表达出来、发泄出来，这样，政府就减轻了直接来自广大人民的压力。正如拉尔夫·密利本德所说："议会制度的实质是它在政府和人民之间起着缓冲作用。它赋予人民以选举他们的代表和从事多种形式政治活动的权利；但它又叮嘱人民让他们的代表承担起支持或反对当时的政府这一重任。它把政治生活的注意中心从选民移到下议院，从人民移到他们的代表：这里才是一切有待最后决定批准、认可或者否决的地方"。① 英国下议院"对于遏制和约束来自下层的压力来说，没有比它更重要的了"。② 可以说，监督制度是统治阶级与被统治阶级紧张关系的减压阀，通过这一减压阀，最终使整个社会活动控制在统治阶级的"秩序"范围内。最后，监督制度有利于加强资产阶级法制。"法律面前，人人平等"是资产阶级首先提出的口号，维护资产阶级的政治统治，必须依靠法制，依法治国、依法行政、遵守法律是一个法治国家起码的要求。议会监督的主要内容之一就是监督政府机构及人员是否依法行政，这种监督有利于维护资本主义法律秩序，同时也是对广大人民进行法制教育的活动，最终还是有利于统治阶级的统治。

同时，正如分析资本主义议会制本质时所持的观点一样，应把西方议会监督制度的本质与议会监督这一形式区别开来。议会监督制度本质上是为垄断资产阶级政治统治服务的，但是，议会监督作为一种制约权力的手段或工具，其本身并没有阶级性。资本主义国家政治权力需要监督和制约，社会主义国家政治权力也需要监督与制约，因为，"权力容易使人腐化，绝对的权力绝对会使人腐化"已成为一条定律。西方议会监督制度中的许多手段、措施、技术以及监督机制等具有可操作性的东西值得借鉴。

二　西方议会监督制度的功效分析

所谓功效就是指议会监督制度在现实政治生活中是否付诸实施了，是否发挥了作用，作用的程度如何，以及在政治生活中的影响如何，效果怎样？分析西方议会监督制度的功效，必须定性和定量相结合。

---

① 转引自［英］拉尔夫·密利本德《英国资产阶级民主制》，商务印书馆 1988 年版，第47 页。

② 同上书，第 25 页。

（一）对涉及议会监督制度功效分析的两个问题的认识

分析西方议会监督制度的功效有两个问题应搞清楚，一是如何看待议会权力，二是如何确定判定议会监督功效的标准。

1. 如何看待议会权力

现在有一种普遍的观点认为，议会地位一直在下降，议会权力已严重削弱，行政权日益扩大，其结果是议会在强大的政府面前显得束手无策，只有顺从政府，议会监督政府的权力也形同虚设。从西方议会发展的过程看，19世纪的议会地位至高无上，它享有最高的绝对权力。18世纪下半叶，英国责任内阁制就逐步建立，使议会权力极大地加强，从而在英国形成了宪法惯例；议会除享有最高立法权外，同时还享有对行政和财政的监督权。法国1791年、1793年、1848年、1875年宪法基本上都把议会作为最高权力机关。19世纪中叶是资产阶级议会获得全盛发展的时期。但是，从20世纪初到第二次世界大战前后，西方议会原来享有的权力逐渐失去了，政府权力则扩大了，政府作用的领域也拓宽了，主要表现为议会绝对立法创制权的部分丧失，政府委任立法权、自由裁量权和部分司法权的获取。对于这种变化应该客观分析，不能用孤立、片面的观点来看待政府部门的权力的扩大。其实，随着社会经济发展和社会事务的复杂化、社会关系的复杂化、社会问题的尖锐化，整个国家职能增强了，公共权力扩大了，政府权力扩大十分明显，同时议会、司法机关的权力也有明显扩大，只是政府权力处在社会政治生活的前沿，与社会经济生活联系直接而紧密，容易引起人们的注意罢了。事实上，现代西方国家的议会对政府的监督明显加强了，司法监督也得到加强，国家权力结构出现了新的组合和分配：政府进行统治，议会从事监督，司法实行控制。西方议会在经历了从它产生初期的"钱包议会"到19世纪的"议会至上"时代，又从"议会至上"发展到今天的"议会监督"的变化过程，反映了议会主要功能的转化，同时说明了议会在面临不可抗拒的时代潮流时能适时调整其权力作用方向，把注意力转移到对政府进行监督方面。可以说，现代西方国家以三权分立和制衡为原则的资本主义政治权力结构并没有实质的变化。立法权、行政权和司法权犹如处在一个坐标系中的三个点，连接三个点构成了一个权力三角形，这三个权力点随着环境的变化必然会有所变动，从而导致权力三角形的变形，但无论如何变化，它都要构成一个权力三角形，绝不会变成一条直线或者一个点，因为这是与资本主义民主政治原则相违背的，资产阶级统治者也会避免这一现象的出现。因此可以说，当代西方议会权力不是削弱了，而是适时调整了其职能，变化了它作为代议机构所应发挥作用的方式。因为，议会作为拥有权力的一方是不会轻易放弃手中权力的。正如詹姆斯·Q. 威尔逊在谈到总统和国会争夺对行政机构的控制权时指出的那样："自罗斯福总统执政以来，二者（总统和国会）便一直在不断想方设法以扩大各自对官僚机构的影响，总统权力每增长一分，国会的权力便也相应膨胀一度。丹尼尔·P. 莫伊尼汉参议员称此为'铁定的竞争法则'：'当一个政府机构掌握了一种在与其它机构交往中获取更大权力的方法时，这一做法很快便会被其它机构所采用。'"① 如果我们坚持认为当代西方议会已失去了昔日的风采，不再发挥作用，出现了行政专制，这与现实情况显然是不符的。

2. 关于判定议会监督功效的标准

在评价西方议会监督权的功效时，一直有这样的观点：认为监督权是否有效主要看它具体付诸实施的次数以及成功率。比如许多书上在谈到内阁制国家议会的倒阁权时认为，由于内阁是由占议会多数议席的政党组成的，所以议会的倒阁权很难变成现实，因而就说倒阁权是形式没有什么效果，有的人在评价美国国会的弹劾权时认为，到现在为止，没有一位总统被弹劾，因此弹劾权也是徒具形式而已，等等。我认为，这种观点是片面的，没有真正理解议会监督的功能。

判定议会监督功效的标准应该是多元性的，至少应该包括如下几个方面：首先，监督权是否具体，是否具有可操作性。这是议会监督功能能否得以有效发挥的前提条件。要使监督功能有效发挥，应该明确监督主体，明确具体的监督权、监督对象、监督内容、监督程序，使之具有可操作性。其次，监督有效性。就是指监督权实施过程中对监督对象是否具有约束力和制约力，监督对象是否主动接受监督。有效的监督应该是能对监督对象具有约束力和制约力的监督，监督对象必须接受监督，并能改正错

---

① ［美］詹姆斯·Q. 威尔逊：《美国官僚政治》，中国社会科学出版社 1995 年版，第313 页。

误、纠正行为。如果监督对象不改正错误，纠正行为，监督主体拥有较充分的权力迫使监督对象服从。再次，监督的实际效果和目标的达成。监督制度建立的目的是在保证政治稳定的前提下对政府权力进行有效的制约，防止行政专权，滥用职权。监督权的存在本身是一种潜在的威慑力量，就像是随时准备开启的灭火器一样，人们谁都不希望失火，也不希望频繁开启灭火器，因此，议会监督权的实施能够保证政府依法行政、保证行政效率、保证民主法制秩序、保持政治稳定就是有效的，否则是无效的。意大利"从墨索里尼法西斯政权垮台，到 1987 年成立戈里政府共更换 50 届，如以二次大战结束到 1987 年，计有 46 届政府，每届平均约 11 个月，其中任期最短的为 9 天，最长的不到 3 年"。① 法国"自 1871 年 2 月 19 日到 1940 年 7 月 12 日这段时间，一共有 111 次政府改组，每任政府平均寿命不到 8 个月，而第四共和国自 1946 年 12 月到 1959 年 1 月 8 日这段期间，政府改组了 21 次，平均寿命仅 6 个月"。② 其中的罗贝尔·舒曼政府（1948 年 9 月 5 日至 1948 年 9 月 7 日）和亨利·克耶政府（1950 年 7 月 2 日至 1950 年 7 月 4 日）执政仅仅两天。议会提出不信任案迫使政府辞职的频率如此之高，造成政局动荡。我们不能说意大利国民议会和法国国民议会行使监督权很有效，垄断资产阶级也不希望这种状况存在，希望有一个稳定而有力的政府。正因为如此，法兰西第五共和国时期修改了宪法，限制了国民议会对政府提出不信任案的权力。最后，议会监督机制是否健全。健全的监督机制是指监督系统内部各要素之间能有机结合，相互作用，监督系统与外部环境系统各要素能有效交流、沟通。如果监督系统内部各要素之间关系没有理顺，彼此之间矛盾冲突不断，或者监督系统不能正常地与外部环境系统进行交流、沟通，议会监督效果就必然很差。

（二）西方议会监督功效

根据上面对西方议会监督本质、议会权力重新分化组合情况以及议会监督功效的理解，我认为对西方议会监督功效分析应分三个历史阶段，每

① 戎殿新等：《意大利经济政治概况》，经济日报出版社 1988 年版，第 436 页。
② 张台麟：《法国政府与政治》，汉威出版社 1990 年版，第 24 页。

一阶段的社会政治、经济、文化以及科技背景不同，议会监督功能的作用也存在明显差异。

第一个历史阶段：从资产阶级议会制的确立到 19 世纪中叶。刚刚脱胎于封建制度的资产阶级政权，正处于上升时期，议会作为反对封建制度、限制王权的有力武器，这时候变成了维护资产阶级政权的工具。议会在资本主义政治权力结构中处于至上地位，其作用主要在立法权和财政权方面。如英国 1689 年"光荣革命"中产生的《权利法案》，首先规定，国王未经议会同意而征税、招募军队、废止法律都属于非法行为，这就肯定了议会的权力地位高于王权，王权的行使要受到议会的制约，从而确立了"议会至上"的资本主义议会制度原则。在《权利法案》之后，1701 年颁布的《王位继承法》进一步明确肯定了议会是凌驾于国王之上的最高立法机关，议会享有立法、决定预算、决定王位继承等重大问题的权力。至 19 世纪 40—60 年代，英国议会进入了"全能时期"，以至于有人认为："议会除了不能使一个女人变成男人和使一个男人变成女人之外，能够做一切的事情。"① 这一时期议会监督职能并不十分明显，这是因为，上升时期的资本主义国家都奉行自由主义政策，政府对于社会经济生活和其他社会事务基本上不加干预，政府职能较为简单，"管理最少的政府是好政府"。政府职能小，机构和人员很少，作用范围狭小，不具有与立法机关抗衡的能力，因此，议会的监督职能因行政权的弱小而显得不十分重要，也无法发挥作用。美国 1787 年宪法的内容，只字不提国会的监督权，也是因为制宪会议设计的是小规模的行政部门，认为行政机器人少、经费少，职责简单。制宪会议代表担心的不是总统和行政部门侵犯国会，而是担心国会获得显要的地位和权力后会不会侵犯总统和行政部门。因此，麦迪逊告诫人们应该竭力戒备国会的野心。在这种背景条件下，没有必要重视国会监督权。

第二个历史阶段：从 19 世纪末到第二次世界大战结束。这一时期是垄断资本主义形成和发展时期。资本主义经济的集中和垄断，必然要求政治权力的集中，社会事务的复杂化要求政府拥有适当的权力，对不断变化的事件作出迅速、有力的反应。这一时期资本主义国家奉行的自由主义政

---

① ［英］埃弗尔·詹宁斯：《英国议会》，商务印书馆 1959 年版，第 21 页。

策开始转变为干预主义，政府"守夜人"的角色变成了"警察"角色。政府行政权扩大了，政府作用范围拓宽了，政府机构和人员迅速增加、膨胀，行政职能增大而且复杂化了。这种变化是资本主义发展的历史必然。对于一直处于至上地位的掌握有立法权、财政实权的议会来说，也只能适应这一潮流，于是议会放弃了它的部分权力，政府获得了委任立法权，同时对议会的立法权影响增大，政府还获得了在社会经济、社会事务、军事外交等方面较大的自由决断、处分权还有部分司法权。议会掌管钱袋的传统权力也受到挑战，被严重削弱。面对这种形势和变化，议会显得无可奈何，也一时找不到新的权力平衡支点，议会地位下降，权力削弱了。这一时期议会监督的功效较弱。

第三个历史阶段：第二次世界大战之后至今。经过一个时期的彷徨之后，特别是饱经法西斯政府的蹂躏之后，西方各国议会才开始觉悟，开始采取措施，进行改革，着重点转移到限制和监督政府的权力上来了，从而完成了"政府进行统治、议会进行监督"的新的政治权力重组。议会寻找到了自己在现代政治权力结构中的角色和功能。实际上，早在19世纪下半叶早些时候，英国思想家约翰·密尔就认识到了议会这一功能的转变。他指出："对政府事务的控制和实际去做这些事务，其间有根本的区别。同一个人或同一团体可能控制一切事情，但不可能做一切事情；而且在很多情况下它企图亲自去做的事情愈少，它对一切事情的控制就愈完全。……所以，人民议会应该控制什么是一回事，而它应该自己做什么则是另一回事。我们已经说过，它应该控制政府的一切行动。……至于其他的工作，它的正当职责不是去做该项工作，而是设法让别人把该项工作做好。"① "人民议会更不适于管理行政，或者事无巨细对负责行政管理的人发号施令。即使是好心好意的，干涉几乎总是有害的。"② "代议制议会的适当职能不是管理——这是它完全不适合的——而是监督和控制政府：把政府的行为公开出来，迫使其对人们认为有问题的一切行为作出充分的说明和辩解；谴责那些该受责备的行为，并且，如果组成政府的人员滥用职权，或者履行责任的方式同国民的明显舆论相冲突，就将他们撤职，并明白地或事实上

---

① ［英］J. S. 密尔：《代议制政府》，商务印书馆1982年版，第70页。
② 同上书，第71—72页。

任命其后继人，这的确是广泛的权力，是对国民自由的足够保证。此外，议会还有一项职能，其重要性不亚于上述职能：既是国民的诉苦委员会，又是他们表达意见的大会。"① 19世纪下半叶威尔逊就指出"和立法同时重要的事是对政府的严密监督"。"一个有效率的、被赋予统治权力的代议机构，应该不只是像国会那样，仅限于表达民众的意志，而且还应该领导民众，最终实现目的，做民众意见的代言人。并且做民众的眼睛，对政府的所作所为进行监督——这些是国会所没有做到的。""我认为应该把我国的立法，比做一位不高明的领班，因为它完全脱离由它进行监督的工作。""严密监督政府的每项工作，并对所见到的一切进行议论，乃是代议机构的天职。它应该是选民的耳目和代言人，应能体现选民的智慧和意志。如果不是国会拥有并运用能对政府行政官员的行为和气质进行了解的一切手段，全国民众是无法知道这些官员们是怎样为他们工作的。如果不是国会对这些情况进行检查，并通过各种形式的议论进行细微的审查，全国民众对他们应该了解和给予指导的最重要的大事，仍会一无所知的。这是难堪的、极为不利的。国会作为消息来源的作用，甚至应大于它的立法作用。"② 对于上述思想，西方议会并没有加以重视。直到第二次世界大战以后才开始重视并着手加强议会的监督功能。这一时期，西方议会通过自身的改革、调整，其监督职能已大大增强，从议会监督的实践来看，它对于政府及行政系统的监督和制约效果还是明显的。以美国国会监督实践情况为例：第一，看看美国国会对总统提名采取的行动，如下表5—1：③

表5—1　　　　参议院对总统提名采取的行动（1929—1988）

国　会（届）	参议院的行动（项）				
	受理数	确认	撤回	拒绝接受	未确认
71（1929—1931）	17508	16905	68	5	530
72（1931—1933）	12716	10909	19	1	1787
73（1933—1934）	9094	9027	17	3	47

---

① ［英］J. S. 密尔：《代议制政府》，商务印书馆1982年版，第80页。
② ［美］威尔逊：《国会政体》，商务印书馆1986年版，第164—167页。
③ 梅孜编译：《美国政治统计手册》，时事出版社1992年版，第22—23页。

续表

国　会（届）	参议院的行动（项）				
	受 理 数	确 认	撤回	拒绝接受	未确认
74（1935—1936）	22487	22286	51	1	135
75（1937—1938）	15330	15193	20	27	90
76（1939—1941）	29072	28939	16	21	96
77（1941—1942）	24344	24137	33	5	169
78（1943—1944）	21755	21371	31	6	367
79（1945—1946）	37022	36550	17	3	452
80（1947—1948）	66641	54796	153	0	11692
81（1949—1951）	87266	86562	45	6	653
82（1951—1952）	46920	46504	45	2	369
83（1953—1954）	69458	68563	43	0	852
84（1955—1956）	84173	82694	38	3	1438
85（1957—1958）	104193	103311	54	0	828
86（1959—1960）	91476	89900	30	1	1545
87（1961—1962）	102849	100741	1279	0	829
88（1963—1964）	122190	120201	36	0	1953
89（1965—1966）	123019	120865	173	0	1981
90（1967—1968）	120231	118231	34	0	1966
91（1969—1971）	134464	133797	487	2	178
92（1971—1972）	117053	114909	11	0	2133
93（1973—1974）	134384	131254	15	0	3069
94（1975—1976）	132151	131378	6	0	3801
95（1977—1978）	137504	124730	66	0	12713
96（1979—1980）	154797	154665	18	0	1458
97（1981—1982）	186264	184844	55	7	1346
98（1983—1984）	97893	97262	4	0	610
99（1985—1986）	99614	85811	16	0	3787
100（1987—1988）	89193	88721	23	1	5922

从表5—1的数字可以看出,自第79届国会(1945—1946)开始,撤回的和未被确认的人数明显增加。另外,就参议院拒绝接受的内阁提名情况来看,1959年6月19日,参议院以46:49的投票表决结果拒绝接受艾森豪威尔总统提名刘易斯·L.斯特劳斯任商务部长。1989年3月9日,参议院以47:53的投票表决结果拒绝了布什总统提名约翰·托尔任国防部长。1993年6月,克林顿提名黑人律师拉尼·吉尔尼担任助理司法部长,遭到参议院的否决,克林顿屈服于国会压力,只得撤回提名。由此可见,参议院的建议和确认权并非可有可无的摆设。美国学者约翰·哈特指出:"参议院的建议和同意权是议会监督武器库中第一件武器。批准程序使得参议院能仔细检查总统对行政机构中高级职位的提名,参议院可以通过这一权力知道它所希望知道的细节。最终,它给立法部门否决总统提名者的权力。尽管只有少数提名者被参议院拒绝,或者由于可能被拒绝而由总统自愿撤销提名,但是,批准程序的影响已远远超出了否决权。建议和同意权的影响比通常所认为的更复杂、更慎重。近些年来,尤其是尼克松政府以来,参议院把批准程序看得比以前更严肃了、更重要了,对被提名者的审查面也拓宽了,不只是审查其品质和资格了,参议员们现在常常试图迫使被提名者保证在政策事务上置于参议院的管辖之下,并按照参议院的意图在其任职时与议会合作。"①

第二,看一看总统行使否决权时否决被推翻的情况。从下面统计中可看出,国会通过的法案被总统否决之后,国会两院可各以三分之二的多数票推翻总统的否决,使议案成为法律。虽然国会推翻总统的否决需要两院三分之二的多数票,这对国会来说相当困难,但是国会为了维护自身的立法地位和权力,达到制约总统权力的目的,还是在实践中成功地行使了这一权力。

第三,就美国国会行使弹劾权的情况来看,自1789年以来,有13名联邦官员受到众议院弹劾,12人受到参议院审判。12人中,法官9人,参议员1人,总统2人(安德鲁·约翰逊总统、克林顿总统),政府部长1人(格兰特政府的陆军部长巴克尼甫)。9名法官中,4人被宣判有罪和

---

① John Hart, *The Presidential Branch From Washington to Clinton*, Chathun House Publishers Inc., p. 155.

免职，5 人被宣布无罪（见表 5—2）。

表 5—2　　　　　　　　**总统行使否决权的统计**① （1789—1988）

年份	总统	正常否决	否决被推翻	搁置否决	否决议案总数
1789—1797	华盛顿	2	0	0	2
1797—1801	亚当斯	0	0	0	0
1801—1809	杰斐逊	0	0	0	0
1809—1817	麦迪逊	5	0	2	7
1817—1825	门罗	1	0	0	1
1825—1829	J. Q. 亚当斯	0	0	0	0
1829—1837	杰克逊	5	0	7	12
1837—1841	范布伦	0	0	1	1
1841—1841	W. 哈里森	0	0	0	0
1841—1845	J. 泰勒	6	1	4	10
1845—1849	波尔克	2	0	1	3
1849—1850	Z. 泰勒	0	0	0	0
1850—1853	菲尔莫尔	0	0	0	0
1853—1857	皮尔斯	9	5	0	9
1857—1861	布坎南	4	0	3	7
1861—1865	林肯	2	0	5	7
1865—1869	A. 约翰逊	21	15	8	29
1869—1877	格兰特	45	4	48	93
1877—1881	海斯	12	1	1	13
1881—1881	加菲尔德	0	0	0	0
1881—1885	阿瑟	4	1	8	12
1885—1889	克利夫兰	304	2	110	414
1889—1893	B. 哈里森	19	1	25	44
1893—1897	克利夫兰	42	5	128	170
1897—1901	麦金莱	6	0	36	42

① 梅孜编译：《美国政治统计手册》，时事出版社 1992 年版，第 21—22 页。

续表

年份	总统	正常否决	否决被推翻	搁置否决	否决议案总数
1901—1909	T. 罗斯福	42	1	40	82
1909—1913	塔夫脱	30	1	9	39
1913—1921	威尔逊	33	6	11	44
1921—1923	哈定	5	0	1	6
1923—1929	柯立芝	20	4	30	50
1929—1933	胡佛	21	3	16	37
1933—1945	F. 罗斯福	372	9	263	635
1945—1953	杜鲁门	180	12	70	250
1953—1961	艾森豪威尔	73	2	108	181
1961—1963	肯尼迪	12	0	9	21
1963—1969	L. 约翰逊	16	0	14	30
1969—1974	尼克松	26	7	17	43
1974—1977	福特	48	12	18	66
1977—1981	卡特	13	2	18	31
1981—1989	里根	39	9	39	78

　　参议院以无管辖权为由驳回了关于参议员被弹劾案。约翰逊总统在1868年以一票之差被宣告无罪，陆军部长于1876年被宣告无罪。第二次世界大战以后最有影响的是因"水门事件"引起的关于弹劾尼克松总统事件。众议院司法委员会已批准对尼克松进行弹劾的指控，由于尼克松在1974年8月9日宣布辞职，众议院也就未进一步采取行动。

　　从1998年到1999年初，美国总统克林顿因莱温斯基绯闻案受到独立检察官斯塔尔的调查，经过长时间的调查，国会众议院启动了弹劾程序，以作伪证和妨碍司法两项罪名指控克林顿，并且在众议院获得通过。而后，参议院在最高法院首席大法官伦奎斯特的主持下，从1999年1月7日起正式审理众议院通过的对克林顿的两项弹劾条款。在整个审理过程中，以众议院委派的公诉人和共和党参议员为一方，以白宫律师和民主党参议员为另一方，进行了长达 20 天的陈述、辩护和辩论，在是否将克林顿定罪和罢免这一关键问题上，双方展开了激烈的交锋。在参议院 12 日对克林顿作伪证和妨碍司法这两项弹劾条款逐项进行投票表决时，100 名参议员逐一被点名起立，就对克林顿的指控表示"有罪"或"无罪"。最后的表决结果分别是 45 票对 55 票和 50 票对 50 票，远没有达到弹劾克林顿所需要的三分之二多数票。在对伪证指控表决中，10 名共和党参议员倒戈，认为克林顿无罪；在对妨碍司法指控的表决中，5 名共和党参议员认为克林顿无罪。就克林顿弹劾案向参议院提起诉讼的众议院司法委员会主席、首席检察官海德就参议院投票结果表示，他只是依照宪法履行职责，因而并不感到遗憾。分析家认为，克林顿免遭弹劾主要有以下原因：一是共和党议员倒戈。共和党和民主党在参议院分别占 55 席和 45 席。按照宪法规定，参议院要将总统定罪和弹劾，至少需要获得三分之二议员的赞同，即 67 票。由于 15 名共和党议员在两项弹劾条款的表决中倒戈，投了反对票，致使弹劾案未获通过。二是民主党"铁板一块"。参议院表决时，克林顿的民主党内部相当团结，认为只有同舟共济，才能顶住共和党的压力。三是公众反对罢免克林顿。克林顿执政以来，美国经济持续增长，1998 年经济增长率达 3.9%，失业率降低到第二次世界大战以来的最低点，工资增长为通货膨胀的 2 倍，30 多年来首次实现政府预算平衡。虽然不少人对克林顿的品德颇有微词，但绝大多数人认为，经济形势不错是克林顿的最大功绩。因此，公众对他的支持率一直保持在 65% 以上。四是共和党没有赢得人心。公众对党派斗争非常厌烦，特别是对共和党借克林顿绯闻案大做文章极为不满。据《纽约时报》和哥伦比亚广播公司的民意调查，一年前，亲共和党和反共和党的比例为 46% 和 32%，而到 1999 年初则为 38% 和 55%，共和党的声望跌至 14 年来的最低点。

从另一个角度看，美国国会的弹劾权虽然很少使用，但是，两位总统受到弹劾，另一位总统因惧怕受到弹劾和受审判的羞辱而被迫辞去总统职务，表明这一权力仍具有巨大的潜在威力。正如有的学者指出的那样："弹劾权，虽是美国国会用得最少的权力，却是最威严的权力。"[1]

---

① 陶百川、陈少廷：《中外监察制度之比较》，第 116 页。

第四，国会"钱袋权"的行使情况。麦迪逊认为："钱袋权是任何宪法给人民的直接代表所能装备的最完整、最有效的武器，用以纠正每一项冤屈，用以执行每一项正确和有益的措施"。① 也正是基于这一权力，国会才被认为是"第一政府部门"。② 但是，起初国会对于如何行使这一权力并不清楚，"在宪法公布的最初几年，盛行的拨款方法很不严格。一年的所有经费都列入一个议案中，名为供养'政府拨款法案'，从不打算将要开支的项目详细列出。拨款的总金额可由行政部门的首脑任意使用，数目通常大到足以使行政部门有许多自由从事新的计划，给不同机构的办事人员增加官衔，这对那些管理的人来说，也许是方便的"③。这时候国会监督政府财政的效力还很差，政府部门时常多用、挪用拨款，在账目上蒙骗国会，迫使国会承认一些事先未经它授权的开支。直到19世纪下半叶，国会才意识到应拧紧自己的钱袋，"一直到1862年，才实现现在这种对所拨款之用途作出比较详细说明的做法，尽管在若干年里，国会实现这项政策时的步伐一直缓慢"④。随着联邦政府支出的明显增加，国会也不断地通过自身改革，通过立法等手段加强其财政监督权。尤其是70年代以来，国会常常在预算问题上与总统进行权力之争，如1995年末到1996年初国会与政府的预算之争就很典型，双方谈判屡遭失败而陷入僵局，由于控制国会的共和党提出的7年内平衡预算的法案屡次遭到克林顿总统的否决，国会拒绝通过拨款法案，导致自1995年12月16日起，司法部、国务院、商务部等9个部和环保署、新闻署等38个联邦直属机构一直处于半瘫痪状态。28万政府雇员待业。总计76万联邦雇员只能领取一半薪水。后来国会与总统作出妥协，通过一些临时开支法案，以勉强维持政府工作正常运转。

第五，美国国会对政府行政系统监督的定量考察。如表5—3所示：

① Louis Fisher, *Constitutional Conflicts between Congress and the President*, University Press of Kansis, 1991, p. 186.
② Ibid. .
③ ［美］威尔逊：《国会政体》，商务印书馆1986年版，第83页。
④ 同上。

表 5—3   国会委员会听证会和会议（1961—1983，1.1—6.4）a

年份	总天数 b	监督天数 c	监督天数与总天数百分比
1961	1789	146	8.2
1963	1820	159	8.7
1965	2055	141	6.9
1967	1797	171	9.5
1969	1804	217	12.0
1971	2063	187	9.1
1973	2513	290	11.5
1975	2552	459	18.0
1977	3053	537	17.6
1981	2222	434	19.5
1983	2331	587	25.2
		百分比变化	
1961—1971	15.3	28.1	11.0
1961—1977	70.7	267.8	114.6
1961—1983	30.3	302.1	207.3

说明：a. 这里的数字不包括拨款委员会、规则委员会、政府工作委员会和联合委员会的活动。1979 年数字没有统计。

b. 总天数系指两院委员会这期间举行的听证和会议天数。

c. 监督天数指委员会主要用于进行政府行政监督的听证和会议天数。

根据表 5—3 的统计数据，1961—1965 年平均监督天数为 149 天，1967—1971 年为 192 天，1973 年增加到 290 天，1983 年达到 587 天。这期间的增长十分明显，最明显的增加发生在 1973—1975 年之间。从 1975 年开始，监督天数从未低于 434 天，平均天数为 477 天，是 1961—1965 年平均天数的三倍还多。不仅绝对监督天数增加了，而且议会主要用于进行监督的听证和会议的天数与议会会期总的听证和会议天数百分比例也增加了，1961—1965 年比例是 7.9%，1967—1973 年是 11.5%，1975 年为 18.0%，1977 年为 17.6%，1981 年为 19.5%，1983 年为 25.2%。

从以上的统计数字可看出，国会监督的力度在不断增加，尤其是第二次世界大战后，国会对总统及行政系统表现了明显的关注。尤其是国会把眼睛紧紧盯住各个行政机构。80 年代以前的理论普遍认为，美国立法机构对庞大的迟钝的联邦官僚机构的政治控制是软弱无力的。但是，80 年代这种理论却经历了巨大变化，强调被选举的机构能而且可以通过各种规则或制度的方法左右官僚政治的行为。国会监督对行政机构的行为有深远影响。

应该指出的是，西方国家日益健全和完善的议会监督制度和机制，日益增多的监督活动和日益逐步增加的监督力度，使得议会监督的功效提高了。但是，还存在着许多弊端和不足，主要表现在如下几个方面：

首先，议会监督活动在一定程度上还存在流于形式的问题，尤其是对内阁或总统的监督更是缺乏实质性。议会内阁制国家，许多立法都是由政府预先决定了的，对委任立法的监督也不可能真正加以控制。对财政监督更是如此，形式上议会掌握"财政权"，但议会不可能对庞大的政府开支进行审查和控制。议会对内阁的监督也是这样。19 世纪中叶，在组织严密的政党兴起以前，集体负责是议会要求政府对工作负责的一个有效手段，议会对内阁的控制力较强。如英国 1832—1867 年曾有 10 届政府因议会不支持而不得不辞职。但是，随着政党内阁制度的确立，这个控制政府的武器就失去了力量。在正常情况下，现代政府都有一个在下议院处于多数地位的组织严密的政党作后盾，即使出现了重大的危机，政党的力量如果很强，则不管反对党要求内阁辞职的呼声多么高，也能保证政府不下台。内阁制政体下，由在议会中占多数席位的政党组成的政府，它很少受到来自本党议员的反对和批评。对在野党来说，由于它力量上处于劣势，对政府的监督就显得力不从心，充其量只是在议会中吵闹一阵子，以表示自己履行了反对党的职责。

在日本，据统计，从日本现行宪法实施以来到 1982 年期间，国会众议院酝酿提出"不信任案"的动议有过 30 次，其中提到众议院全体会议上的只有 21 次，而在众议院提交表决的只有 19 次，另外两次，众议院还没有作出表决，就被解散了。在 19 次表决中只有三次获得通过，虽然获得通过了，但结果是众议院三次被解散。① 可见，运用"不信任案"的监督手段，很难实际产生监督效用，在现实政治生活中面临种种障碍。

美国国会对总统及行政系统进行监督的不充分性体现得较明显，如财政监督方面，虽然宪法赋予国会掌管"钱袋权"，但是国会也难以有效运用这一权力去控制总统及行政系统。"尽管总统和国会在每一年预算控制方面的争夺已广为人知，国会最后批准的拨款数额和总统原先申请的预算数目间差额很少超过 2%—3%。这意味着总统和他的行政管理和预算局对部门拥有真正的预算决定权。"② 美国国会一直都在努力通过一些措施迫使总统减少财政赤字，但事实上财政赤字每年都在增加。

再比如对总统权力的监督与制约方面，由于现代总统权力的扩大，总统的权力欲不断膨胀，使得国会常常在与总统的权力之争中处于劣势。虽然国会致力于通过立法等手段力图制约总统，但总统行使权力时常常无视国会的存在，尤其是权力欲强、能力强、较活跃的总统更是如此，他们常常可以利用总统的法定权力和其他没有法定限制的特权与国会对抗，使国会对总统的制约与监督黯然失色。

其次，议会监督在一定程度上，影响行政系统的活动和工作效果。当代的各国议会对行政机构及人员的监督越来越细致、具体和深入，这有利于议会对行政系统的控制，但也起到了消极作用，影响行政效率。再比如，美国国会有 29 个委员会和 55 个小组委员会以各种不同的方式，对国防事务进行监督。1977 年，这些委员会和小组委员会举行了 441 次听证会。1984 年众议院就国防项目审批辩论了 3 天，并未考虑增加任何修正案。而在 1986 年，众议院就此进行了长达 13 天的辩论并提出了 148 项修正案。参议院也发生了类似的变化。1970 年，国会要求五角大楼呈交报告 36 份，而在 1985 年，它所要求递交的报告竟达 1172 份之多。③ 从上述

---

① 转引自曾广载《西方国家宪法和政府》，湖北教育出版社 1989 年版，第 601 页。

② ［美］托马斯·戴伊、哈蒙·齐格勒：《民主的嘲讽》，世界知识出版社 1991 年版，第 303—304 页。

③ ［美］詹姆斯·Q. 威尔逊：《美国官僚政治》，中国社会科学出版社 1995 年版，第 295 页。

引文中可以看出，监督虽是必要的，但过度的监督却是有害的，无效益的。

再次，议员从事监督的动机不是十分强烈，影响了监督效果。在内阁制国家，属于在野党的议员监督政府机构及人员的热情相对于执政党议员要高一些，但即使在野党议员也是把主要精力用于为选民谋取利益、办好事上面，以便争取连任。在内阁制国家，执政党的议员由于受党的组织纪律约束较严格，不敢轻易对本党政府提出批评，偶尔一些后座议员也提出一些批评意见，但作用不大。总统制国家的议员对监督政府更不感兴趣。美国国会议员的主要目标是能保住议员的职位，对监督不感兴趣，因为从事监督是苦差事，费力不讨好，并且要花去大量时间和精力，最终也给议员带不来多少政治好处。

最后，议会监督制度缺乏系统性，缺乏全面的领导和协调。如美国国会，无论是两院之间，还是一院内部都没有人集中组织、全面领导各委员会的监督活动。由于缺乏集中性、全面性，国会很难从整体上考察政府工作，很难从全局上控制行政部门。同时，缺乏集中组织的监督活动对国会、对行政方面的时间和精力都造成严重浪费，两院若干委员会、小组委员会常常抱着同样的问题，轮番传唤同一行政机关的负责人。如 1979 年初，能源部长施莱辛格在两个月内，应传唤 12 次赴国会的听证会，就相差无几的问题一遍遍回答各个委员会和小组委员会的提问；能源部的其他官员曾经在一个多月的时间里出席近百次国会的听证会，有时一天就要排 5 次。

三　西方议会监督制度面临的困境

尽管西方议会监督在制度方面、运行机制方面不断得以健全和完善，尽管议会监督的功能日益受到重视并得到逐步加强，但是，当代西方议会监督制度仍然面临种种困境，有些是外部的原因造成的，有些是议会本身的原因，但无论是外部或是内部原因，这些困境的客观存在在相当大程度上阻碍议会监督功能的发挥，同时也扭曲了议会作为民意机构的角色地位，使西方资产阶级民主政治的形式与实质更加矛盾。

（一）行政扩张是令议会永远头痛的问题

现代西方国家行政扩张是公认的事实，这也是社会发展的必然趋势。行政扩张包括：行政机构的增加，人员的增多，行政职能的扩大，行政事务的增加和日益复杂，行政管理技术的专业化，行政经费的增加等等，各国议会面对这种形势，曾一度不知所措，虽然现在已适应潮流适度调整了自己的角色和功能，但仍然无法从根本上解决对行政系统的监督问题，监督盲点有增无减。有的学者在谈到美国的情况时指出，"这个政府机构如此庞大，以致创议机构并为它们拨款的美国国会对它们的活动既不了解，也不过问，除非是它们出了极端不负责任、杂乱和粗率的问题"。① 一位老资格的参议员调查员说，"国会对于政府的大部分机构都很少关心，不过这可是国会的人都不会公开承认的事。政府太大，也太复杂。对你直说吧，立法机关已经创造了一个已经控制不了的怪物"。② 有的学者断言，"一个庞大、复杂的技术性的社会光靠一位总统，535 名国会议员是无法统治的。因为这些人缺乏一定的技术特长，时间和精力来解决涉及核能源、环境保护、职业安全、通讯、航空、平等就业以及美国生活中其他领域内的繁杂内容"。③ 美国另一位学者詹姆斯·Q. 威尔逊指出："如果政府必须广泛干预社会事务的话，权力的广泛分配是不可避免的。但是，这样的权力分配会使国会的控制变得困难重重。"④ 可以预测，行政扩张仍会继续，议会仍要面对这一头痛的问题。

（二）官僚阶层使议会监督功效大打折扣

现代国家，官僚已发展成为一个独立的相当有权力的阶层，以至于现代政治体系的运行离开官僚阶层就难以维持。在现代各国政治体系中，官僚不仅队伍庞大，而且执行着许多重要功能，包括执行法律、法令、规章

---

① ［美］唐纳德·拉姆勃洛：《华盛顿丑闻》，光明日报出版社 1988 年版，第 6 页。
② 同上书，第 16 页。
③ ［美］托马斯·戴伊、哈蒙·齐格勒：《民主的嘲讽》，世界知识出版社 1991 年版，第 293 页。
④ ［美］詹姆斯·Q. 威尔逊：《美国官僚政治》，中国社会科学出版社 1995 年版，第 298 页。

的功能，参与和影响决策过程，承担一部分司法功能，以及交流功能。官僚不是由选举产生的，他们不对选民负责，不负政治责任。对他们的管理有一套系统的规范，他们具有较大独立性。官僚公务活动的特点是照章办事，循规蹈矩。随着官僚队伍的日益膨胀，功能的强化，独立性的增强，现在已经成了难于对付和控制的庞然大物。许多学者认为，现代社会是由官僚在统治着。罗伯特·普特南指出："事实上，现代政治体系本质上是'官僚化的'——以'文官统治'为其特征的。"① 这是较为普遍的观点。尽管这种状况在西方国家具有普遍性，但这种状况的存在和发展显然是与民主政治原则相背离的，因此，各国政府都在采取措施来控制官僚阶层，试图使这一阶层的思想和行为符合民主政治原则。但是，现在看来，各国议会在对行政系统进行监督中最头痛、最棘手的问题也是官僚阶层。官僚们可以垄断行政信息、资料，可以掩盖实情，可以变换手法与议会对着干，可以寻找种种借口拖延时间、不积极合作，如此等等，面对庞大的官僚阶层，议会也是无可奈何的。

（三）金钱政治是议员无法摆脱的阴影

在西方社会政治生活领域，金钱政治是一大特征，政治受金钱的支配已成为西方政治家们和政客们公认的规则。西方议员的选举，很大程度上是财力的竞争，大多数情况下，议员候选人腰包里钱越多，投入竞选的钱越多，当选的系数就越高。1982 年，美国国会参议院有 33 个席位改选，候选人中有一半是百万富翁，胜利者平均每人花费 150 万美元，落选者则少于 100 万美元。② 其中，新泽西州的民主党人弗兰克·芬腾伯格以 400 万美元赢得参议员席位，落选的对手则花了 200 万美元。③ 以美国 1986 年国会中期选举为例，34 名当选参议员的平均竞选经费为 302 万美元，其中加州共和党的参议员候选人耗资达 1140 万美元，他的对手花了 1080 万美元。④ 当过 30 多年众议员并从 1977 年起任众议院议长的小托马斯·P.

---

① ［美］加布里埃尔·A. 阿尔蒙德：《比较政治学：体系、过程和政策》，上海译文出版社 1987 年版，第 325 页。

② 《美国新闻与世界报道》1982 年 11 月 15 日，第 8 页。

③ 《洛杉矶时报》1982 年 10 月 31 日第 I 部分，第 32 页。

④ 《世界知识》1987 年第 11 期，第 18 页。

奥尼尔曾指出:"现今男士女士们入选众议院根本无需具有民选议员的经历,他们之所以被推选是因为他们四处筹集资金,聘用新闻顾问,在电视上抛头露面。"① 竞选议员需要金钱作后盾,在任议员最关心的是能够连任,也需要把注意力用在筹集金钱上。在美国,议员竞选经费主要来源是个人捐赠和团体捐赠。个人捐款较分散,团体捐赠较集中,对竞选者的影响较大。团体捐赠主要来自各个利益集团的政治行政委员会。接受了别人的捐赠是要付出代价的。正像一位国会议员说的:"这是一个无法改变的简单事实,当大量金钱流入政治角逐场所时,大量的义务也就承担下来了。"② 当选的议员必须尽力为利益集团谋利益,一定程度上受利益集团的左右。这就使代议机构的性质发生了变化,并非是真正的民意机构了,它也不可能真正代表选民对政府进行监督。

(四)议会党团成为议员自由的栅栏

理论上讲,议员由选民选举产生,受选民委托组成代议机构,行使职权,他应该是选民的代表,按选民意志行事,为选民服务。议员按法律规定享有政治权利,如提案权、质询权、辩论权、自由投票表决、自由发言权等。实际上,议员在议会中的政治活动并不自由,而是有种种的限制,尤其是受议会中议会党团的控制。美国国会议会党团对议员的纪律约束相对弱些,即使这样,分属于共和党和民主党的议员在一些方面也要与本党的行动保持一致,因为议会的多数党领袖和少数党领袖以及议会中的各种党组织在一些方面仍能对本党议员施加影响,给予实惠。在议会内阁制国家的议会,议会党团的作用很大。比如英国,无论是执政党或是在野党的议会党团对本党议员都有较大的控制权,而且党的组织纪律很严格。议员有责任投票支持其政党政策。工党有书面指示要求工党议员签字同意。保守党无书面指示,但立场相同,务使本党议员按命令投票。即使在自由投票时,党鞭暗中仍劝导议员勿反对本党的意志。如议员对某一议案,因"良心"问题,不太赞同,也只可弃权,不可投反对票。工党议员违背本党纪律者,要受到处分,一是由首席党鞭书面训斥,二是停止其在一定期

---

① 《法学译丛》1987 年第 6 期,第 28 页。
② [美]加里·沃塞曼:《美国政治基础》,中国社会科学出版社 1994 年版,第 189 页。

限内参加议会政党组织的活动，但仍须听党鞭命令。较严重者，由工党议会委员会决定停发每周通讯，取消委员会党籍。如议员再不就范，则可将其开除党籍。如本届议会任期内不恢复党籍，则下次大选时不再提名为竞选人，也不津贴竞选费用。虽然也有议员敢于违背本党意志，投反对票案，或退出本党，但只是少数。多数议员还是被本党的组织牢牢控制的。埃弗尔·詹宁斯指出："一个议会议员无论是怎样的不足轻重，是热爱他的席位的，否则他就不到那儿。他之保有议席，仅仅因为他佩带着政党的徽章。夺去了他的徽章，他十分之八九会陷落到更加无足轻重的地位去，这种地位也许正和他的身份相称。因此那个徽章对于他是有很大价值的，虽则把它夺去的恫吓很少使用，更少执行，然而可以利用这个武器这个事实，就有利于维持他对政党的忠诚。"① 可见，议会党团对议员的控制使得议员本应享有的自由权利成为虚设，实质上，议员成为其所属政党的侍从。在这种情况下，议员是否真正能代表选民利益也就要打个问号了。依靠执政党议员监督自己的政府有多大的效果也令人怀疑了。

四 他山之石——对西方议会监督制度的思考

西方议会监督制度建立很早，但它真正受到人们关注，引起立法机关重视并逐步加强和完善是在第二次世界大战之后尤其是 70 年代之后。纵观西方议会监督制度的历史，总结西方议会监督实践的经验和教训，从中可以得到一些有益的东西，我们对之可以有选择地加以借鉴。

西方议会监督制度在其不断发展与完善的实践过程中，有许多因素在起作用。换句话说，正是由于许多因素的综合作用的结果，才促使西方议会监督制度不断发展与完善。这些因素有：

（一）有一套较系统的资产阶级政治学说作为指导思想

西方议会监督制度是在资产阶级政治学说的指导下建立起来的，这些政治学说包括天赋人权说、契约说、人民主权说以及三权分立与制衡的思想等。这些政治学说首先由资产阶级思想家提出来并加以系统论证，广为

---

① ［英］埃弗尔·詹宁斯：《英国议会》，商务印书馆 1959 年版，第 157 页。

宣传，成为资产阶级普遍认同的政治意识，并作为建立资产阶级政治上层建筑的指导思想。在这些思想学说中，有些是建立在唯心主义世界观基础上的，但它们能够为统治阶级所接受并且能够通过政治制度、政治体制的构建体现这些思想，使资产阶级思想与政治制度和政治体制在形式上统一起来，这对于资产阶级统治者来说，可谓"合理合法"。资产阶级奉行的政治学说是议会监督制度建立的理论依据，同时也是议会监督制度不断发展与完善的理论基础。

（二）资本主义政治体制的设计和结构有利于议会监督制度的建立、发展与完善

三权分立与制衡是资本主义政体设计的主要原则，议会、总统（或内阁）和法院分别行使立法权、行政权和司法权是资本主义国家政体的基本结构。在这种原则和结构下，每一个权力主体受权力欲望的支配都会尽可能行使自己的权力。议会作为立法机关，它要通过各种努力、运用各种手段来维护自身代议机构的地位、发挥代议机构的功能，议会监督制度符合资本主义政治体制设计的原则，也与资本主义政体的结构相一致。因此，这就使议会监督制度建立、发展与完善有了制度基础和合法性基础。

（三）自由经济制度是议会监督制度建立、发展与完善的根本动力

资本主义的经济制度的基础是私有制，经济运行规则是自由竞争，自由竞争反映到政治上就必然要求自由、平等，而保障自由、平等就必然要建立资产阶级的民主政治制度。由此可以推断，作为资本主义民主政治制度组成部分的议会监督制度是为适应保护其自由经济制度而建立的，随着资本主义自由经济的发展，议会监督制度也必然随之发展。从微观层次上分析，在资本主义自由经济制度下，私有财产神圣不可侵犯。政府是由纳税人按照法律规定出钱供养的，这就使政府与纳税人之间形成了直接的利益关系，政府行为与纳税人的利益紧密相关，这就使得纳税人有了监督政府的动力。纳税人出了钱，就理所当然地有权利要求得到良好服务，有权利要求政府要成为廉洁、公平、高效的政府，有权利要求政府为他们提供秩序、安全、公共设施、公共福利的保障，有权利要求政府恪尽职守保障平等自由竞争，促进经济繁荣和社会发展。为了实现纳税人的权利，一方面通过议会这一代议机构

履行监督政府之职责，另一方面纳税人本身也积极主动监督政府，或者不断向议会施加压力促使议会不断完善监督制度和手段。

（四）西方国家公民和社会组织的政治认知、政治态度、政治信念、政治价值是使议会监督权得以实施和议会监督制度不断完善的政治文化基础

任何政治制度都有与其相适应的政治文化基础。一项具体政治制度的建立、实施和发展与完善也需要一定的政治文化基础。如果没有一定的政治文化基础，一项具体的政治制度的运作就很困难，一定的政治文化就好比政治系统的血液，如果政治系统处于缺血或贫血状态，整个系统运作就会处于不良状态。资本主义国家发展至今，已经形成了一套与资本主义政治制度相适应并对其具有支持作用的政治文化。美国政治学家加布里埃尔·A. 阿尔蒙德和西德尼·维伯在他们的著作《公民文化》中就曾通过调查美国、英国、德国、意大利和墨西哥五国居民的基本政治态度，得出了一些论断，主要包括：发达的西方国家公民大多数都认为政府对他们的生活有一定影响；对本国的政治制度较为满意；多数人都期望得到政府的平等对待；多数人都参加政治传播过程；多数人具有一定的政治参与能力和参与意识，等等。西方国家政治文化的上述特征显然有利于议会监督权的实施，有助于议会监督制度的不断发展与完善。

（五）议会监督权的有效实施得益于议会的不断斗争

权力的有效性只有在现实政治生活中才能体现出来，如果只是在法律制度中规定某一政治主体享有何种权力，而在实践中得不到落实，或者实施起来受很大的限制，那么，这种权力就是虚设的，没有实际意义。回顾西方议会监督的实践过程，一个突出的特点就是西方议会具有较强的权力欲望，能够积极主动甚至开拓性地运用手中的监督权，有时为了达到行使其监督权的目的与行政首脑、法院发生较激烈的权力争斗。当然，这种争斗并没有破坏资本主义的宪政体制。早在资产阶级议会制确立之前的封建制时期，英国资产阶级和新贵族就利用议会与王权进行长期斗争，迫使王权服从议会权力。英国资产阶级政权建立后，议会为维护其至上的地位，与英王及内阁进行长期权力争斗。如在1837—1867年之间，就有10届政府因议会不支持而不得不辞职。法国议会的监督权自第五共和国以来受到较大限制，但议会仍在尽力发挥监督作用，"书面质询在第五共和国成立以来，可说扮演了重要的角色。根据统计，国民议会的质询件数由1959年的3506件增加到1985年的16840件；而参议院的件数由799件增加到6417件"。"1985年，差不多有300多个口头质询在国民议会提出，并经由各部会首长签字。近年来，议会口头质询的功能亦有愈来愈强化的趋势。"① 美国国会的权力欲也很强，它能够较大限度地运用宪法赋予的权力，维护国会的权威和地位。早在殖民地时期，殖民地的议会就与总督和英国政府进行斗争，争取议会的财政权和立法权，这一传统到建国后一直保持下来了。比如，关于国会调查权的行使情况，首次行使调查权是1792年对克莱尔将军出征印第安人而惨遭失败的原因进行的调查，国会坚持自己有权对陆军部进行调查，华盛顿总统开始拒绝国会调查，官司打到最高法院，最后，国会获胜，对陆军部进行了深入详细调查。关于"水门事件"的调查也是历经周折，尼克松以行政特权为盾牌拒绝交出有关"水门事件"的录音带和有关资料，国会特别调查委员会坚持要总统交出这些资料，最后还是通过联邦最高法院判决国会获胜。对1986年里根政府时期的"伊朗门事件"的调查也是如此，当这一事件被揭露出来之后，国会闻讯震怒，抨击里根政府在重要的外交活动中践踏国会立法，无视国会权力。接着国会两院各自成立一个特别委员会调查这一事件。这次调查长达10个月，据统计，仅从5月5日到8月6日共举行40天公开听证会，4天秘密听证会，共传唤32位证人，共发出311张传票，共获221份证词，共收存1059个证据。上述几次典型的调查活动，都是国会伸张自己权力的上乘表现。再比如参议院享有的建议批准权，宪法规定总统提名任命的部分官员须征询参议院的意见和经参议院批准。这一规定很笼统，无法具体操作，但参议院在实践中，极大限度地运用了这一法定权力，它对任职官员资格进行了更为严格的全面的规定，让被提名者在听证会上作出承诺，对提名者进行较大范围的审查等，还强行制定《任职法》，限制总统对经参议院同意的官员的解职权。约翰逊总统就因未经参议院同意而解除陆军部长斯坦顿的职务，触犯《任职法》，受到国会指

---

① 张台麟：《法国政府与政治》，汉威出版社1990年版，第33—34页。

控，遭到弹劾。议会这种维护和扩张其权力的欲望和不懈的斗争，是资本主义国家以三权分立与制衡为原则的政治体制得以稳定的原因之一。

（六）选民、压力集团和大众传播媒介是议会监督权得以实施、议会监督制度得以不断发展与完善的推动力

首先，广大选民、数量众多的压力集团和被称为"第四权力部门"的大众传播媒介是议会监督的信息源，许多议会监督课题和事件都是由它们提供的。其次，选民、压力集团和大众传播媒介又是议会监督的驱动力量，许多监督任务之所以能够完成，是选民、压力集团和大众传播媒介向议会不断施加压力的结果。"水门事件"的调查经历两年多之久，大众传播媒介天天报道，社会公众不断施压，成为国会决心一查到底的有力的支持因素。最后，选民、压力集团和大众传播媒介对议会的批评与期望推动了议会监督制度不断发展与完善。议会毕竟是民意机构，是资产阶级民主政治的象征，人们期望它能够代表民意，维护民主政治制度，有效监督政府，防止行政专断和滥用职权，保护公民的合法权利，当议会权力削弱时，或者行政专断的局面产生时，或者议会处于消极状态不能充分行使权力时，社会舆论就对议会提出激烈的批评，会提醒议会要保持旺盛斗志和清醒头脑，这种批评和期望就成了议会监督制度不断改革和完善的推动力。美国在60年代后期和70年代初期总统因滥用权力而受到社会舆论的严厉批评，同时人们对国会的软弱无力也提出了批评。70年代后，国会采取了一系列措施，重申了并且较成功地维护了自己的权力，这与社会公众的压力有直接关系。

（七）应对环境挑战，不断调整与改革

随着议会所处环境的发展变化，议会必须适时作出调整和改革，以适应这一变化。议会监督制度正是在不断调整与改革过程中得以完善的。第二次世界大战后，西方议会监督制度调整与改革的动作幅度较大，实践证明也较为成功，在一定程度上对行政扩张有抑制作用。英国下议院为适应行政环境的挑战，60年代以来，在监督制度上进行了两项调整改革，其一是设立了特别委员会，这种委员会的主要任务是监督检查某一行政部门的工作或某些方面的行政工作。早在1861年设立的公账委员会，1912年

设立预算委员会（后改称经费委员会）就是此类机构。从 60 年代后期起，这种委员会逐渐增加。1966 年设有两个，一个调查科学与技术部门，一个调查农业水产和粮食部门。后来又设了四个，一个调查苏格兰事务，一个调查海外援助工作，一个监督"国会的行政监察专员"，一个监督1968 年的种族关系法。1979 年以后，共设有 14 个特别委员会，使下议院的监督作用加强了。其二是设立了议会行政监察专员制度，负责调查由议员转交的公民对行政机关及文官控诉的"不当的行政处分"案。这一制度的创设拓宽了议会对行政机关的监督范围，增加了对行政机关监督的力度。美国国会监督制度也是在不断调整与改革中完善的。美国政治学联合会 1945 年发表题为"改组国会"的专题报告，力促国会推行自身改革，以求与总统水涨船高。该报告说："国会如果想要在一个权力膨胀、行为逼人的行政部门面前不输高低，它就需要使自身机器和方法现代化以适应现代条件。用这个方法迎击这个问题，比压低行政部门削弱行政部门更好。唯有一个强大、更富有代议能力、与政府更密切接触、更知情的立法机关，才是对付大政府的解药。"①

1945 年 2 月，国会成立"国会改组两院联合委员会"，参议员拉福莱尔和众议员蒙诺雷出任该委员会正副主席，其任务是就国会改革专题举行广泛调查，向国会提交改革报告，1946 年国会两院通过了以拉福莱尔—蒙诺雷委员会报告为基础拟订的"1946 年国会改革法"，这是国会有史以来第一次对自身制度进行大规模检查和改革。主要内容是：改革委员会制度。该法撤销了一些无所事事的常设委员会，合并了一些职责重叠的常设委员会，法律对新确定的两院各常设委员会具体明确地规定了职责，对各常设委员会的议事活动作了统一规定；正式授权常设委员会监督政府相应部门。该法第一次正式将监督政府确定为国会的宪政职责，并且授权常设委员会执行具体监督。该法还进一步规定，参议院各常设委员会每两年拨给 1 万美元调查经费，享有发布传票权，这样，参议院的常设委员会从此不再需要每一事项事先获得全院授权和拨款，即可视调查所需，自行传讯证人，提取物证。众议院各常设委员会因当时其议长和多数党领袖坚决反

---

① ［美］查尔斯·A. 比尔德：《美国政府与政治》（下册），商务印书馆 1987 年版，第938 页。

对，而没有获得独立传讯权；改革预算程序。它在 1920 年代建立的两步程序基础上，尝试进一步加强两院对预算的集中控制；减少工作量，1946 年国会改革法为了减轻国会的立法压力，规定国会不再处理一些特定的民事法案；加强助理力量，规定了常设委员会的助理制度，还将国会图书馆的立法咨询处升格为立法咨询部，由国会图书馆代管，负责向两院各委员会和各位议员提供所需资料；提高议员待遇；管理院外活动，该法规定一切院外活动人员必须向众议院秘书长登记身份，报告经费来源和使用情况。1946 年的国会改革法可以说意义重大，它标志着国会制度日臻成熟。就国会监督制度这一内容讲，1946 年的国会改革法宣布国会正式承担了监督政府这一宪政职责，并且使参议院各常设委员会获得了对相应政府部门执行经常性监督的权力（众议院常设委员会 70 年代获取此权力），1970 年国会改革法使国会监督制度更加完善。该法规定为各委员会配备更多的助理，协助委员会的监督工作，还要求各委员会在每届国会届满闭会之前向全院大会提交一份监督报告；该法还规定，国会研究部应向两院各委员会提供专家，帮助委员会评价立法提案，国会研究部还应在每届国会开幕之际，向委员会提交一份委员会所管范围内即将到期作废的法律名单，以提醒委员会检查法律的执行情况和效果。国会 70 年代的改革最大的成果是适应形势的需要，确定了小组委员会制度，使参众两院常设委员会下设的小组委员会成为一级议事单位，既有议案审议权，又有监督权，大大加强了国会委员会对相应政府部门的监督能力。由此可见，议会只有适应环境变化发展不断调整改革，才能维护自身地位，发挥自身作用。

（八）委员会及幕僚制度是议会行使监督权的有力保障

西方议会监督制度有三个共同的特点，其一，各国议会内部设立了各种常设委员会，每一个常设委员会负责监督相应的行政部门，如英国下议院设有特别委员会，日本参议院和众议院设有常任委员会，美国国会两院设有各种常设委员会。其二，各国议会委员会均设有一定数量的助手。议员也配有秘书或雇员。其三，各国议会均设有幕僚机构，辅助议会常设委员会和议员从事立法和监督工作。美国国会较为典型，1789—1809 年，众议院设立了 10 个常设委员会，1813—1815 年，众议院又先后设立了 53 个常设委员会。参议院于 1816 年设立了 11 个常设委员会，到第一次世界大战前夕，设有 74 个常设委员会。1946 年国会改革法实施后，参议院常设委员会压缩为 15 个，众议院压缩为 19 个。据统计，第 100 届国会（1987—1988），参议院共有 17 个常设委员会，众议院有 23 个。各常设委员会中还设有数量不等的小组委员会，例如第 99 届国会（1985—1987），参议院有 90 个小组委员会，众议院有 153 个小组委员会。按美国国会 1946 年和 1970 年代的国会改革法，各常设委员会和小组委员会都配有助手。据统计，1987 年参议院委员会助手有 1207 人，众议院助手有 2136 人，100 名参议员个人助理达 4075 人，435 名众议院议员的个人助理达 7584 人。美国国会还设有国会预算局、审计局、技术评价局、国会图书馆、国会研究部五个幕僚机构。

委员会、幕僚机构及助理人员的设立是适应环境变化的结果。首先，行政机构日益膨胀，行政权涉及的领域日益扩大，行政事务复杂化，分工越来越细。设立与行政部门对应的常设委员会是适应分工的监督的需要。在每一个委员会内，设若干小组委员会，每个小组委员会享有对与所在委员会对应的政府部门的某一或某几个方面的工作、活动，执行监督的权力，分解了委员会的监督负担。委员会仍保持对相应政府部门执行全面监督的权力，但委员会的监督对象同时又被分割成若干块，每一块都处于小组委员会的监督之中，使委员会对政府部门的监督全面、深入而且经常化。其次，当今各国议会监督任务繁重，工作量大，而且监督领域和事务日益专业化，设立幕僚机构可以承担日常大量的具体工作和技术性、专业化的调查评价、研究任务。配备助理人员能够分担委员会及议员的工作量，减轻压力，提高监督效率。最后，议会通过自身的组织建设，完善了自身的组织系统，使自身权利获得有力的保障。正如威尔逊指出的："在国会方面对于支配的渴望随着组织的完善而增长，而组织的完善使国会追求权力的愿望很容易达到。"[①]

（九）议会公开制度有利于议会监督

西方各国议会规则中均规定了公开制度。除按法律规定的事项之外，议会在进行质询、辩论、听证等活动时必须公开，允许公众旁听、记者采

---

① ［美］威尔逊：《国会政体》，商务印书馆 1986 年版，第 84 页。

访、电台转播、电视台现场直播。公开制度的作用在于：首先，议会能赢得社会公众舆论和行动上的支持。通过公开制度，社会公众能够直接了解议会的各种活动，社会公众对于自己感兴趣的事项会十分关注，并从舆论上或行动上予以支持。尤其是议会监督活动，更能吸引社会公众舆论，容易获得社会公众支持。其次，促进议员积极履行自己的职责。由于议会活动公开化，议员的言论、态度、投票表决行为处于社会公众的监督之下，而且议员的言论、投票行为都有记录，在下次竞选时要向选民公布。这就促使每位议员在履行代表职责时不敢马马虎虎，无所作为，而要积极主动、恪尽职守，这才能赢得选民支持，赢得下一次的选民选票。最后，议会公开制度还有教育功能。通过公开制度，向社会公众公开议会活动的情况，使社会公众能够了解议会活动情况、工作程序、议会职权，使社会公众对议会有直观的了解，清楚的认识，增强公众对议会的信任和支持。议会可以充分利用公开制度，发挥议会的教育功能，影响舆论，获得支持。尤其是对重大事件，如不信任案件、弹劾案，重大调查案，议会通过公开制度，策动舆论，能建立起社会公众对代议机构的信心，从社会公众中获得力量。威尔逊就指出："对于国会来说，比立法更重要的是，民众应能从一个就一切国家大事进行公开讨论的机构得到政治方面的教育和指导。"①

（十）完备的法律规范是议会监督的法律保障

西方议会监督有一套较完备的法律规范予以保障。这一套涉及议会的法律规范包括宪法、议会法（国会法）、各种议事规则等，内容涉及议会组织结构、议会职权、议员权利义务、议会工作程序、议会活动规则、会议规则以及幕僚制度等。例如，日本国会有《国会法》、《日本众议院规则》、《日本参议院规则》、《日本常任委员会联合审查会规程》、《日本两院协会规程》、《日本众议院常任委员会调查室规程》、《日本参议院常任委员会调查室规程》、《日本关于国会各党派交付立法事务费的法律》、《日本众议院议员面会规则》、《日本众议院旁听规则》、《日本参议院旁听规则》等，这些法律对有关议会的各方面都加以规

---

　①　［美］威尔逊：《国会政体》，商务印书馆1986年版，第165页。

范，既有原则性规定，又有十分具体的规定，并具有可操作性。详尽系统的法律规范是资本主义法制的要求，同时也保证了议会监督处处有法可依，法律规范可操作性保证了议会监督权能在现实政治中得以实施，能够成为监督主体实施监督活动时的具体行为规则，使议会监督纳入了法律轨道。

（十一）多样化的监督手段和网络化的信息渠道为议会监督提供了有利条件

手段是实现目的的工具，没有有效的手段就不可能实现目的，同时，目的的多样性相应地要求实现目的的手段多样化，手段与目的应保持协调与统一。议会对政府实施有效的监督需要有多样化的监督手段，针对不同的监督对象和不同的监督任务采用不同的监督手段，这是保证议会监督有效性的前提。西方议会经过长期的监督实践，已经总结并较成功地运用了各种手段。内阁制国家的议会对政府及行政系统的监督手段主要有：审议、检查和制定法律、质询、辩论、表决、信任投票、提出不信任案、弹劾、调查等。总统制国家的国会监督总统及行政系统的手段主要有：立法、立法否决、拨款、削减拨款和拒绝拨款、审查同意批准总统提名人选、听证、项目重新授权、调查、日常检查、弹劾等。不仅监督手段多种多样，而且在法律上还对每一种监督手段的行使提供保障，比如调查和听证法律规定了详细的程序，并赋予监督主体一定强制性权力保证这一手段的有效实施。如英国议会监察专员法中就规定详细的调查程序，并且规定，根据调查目的的需要，监察专员可以要求有关部门的大臣或常务官员及其他相关人员提供必要的情报、文件、资料等。在就证人的出庭和询问方面，监察专员具有同法院同等的权力，如要求证人宣誓等。有关人员不得借口保密或者其他限制来阻挠监察专员的调查工作。对于监察专员的调查，任何人没有合法理由妨碍监察专员或下属官员完成职责，例如阻挠、拒绝、伪证、疏漏等行为，便构成了藐视法庭罪。对此，监察专员有权向法院出示证明，经法院调查后便可以藐视法庭罪处理。美国国会常设委员会举行听证会，可以发出传票，要求有关人员到场作证，并提供必要的记录、信件、备忘录、书籍、证件、文件等情报。其传票经国会授权，具有强制执行的效力。在证人作证前，委员会主席得命令证人宣誓。在国会举行听证时，凡有拒绝到会作证、贿赂议员、诽谤、伪证、作证不全，或者拒绝提供有关文件情报等，国会有权以藐视国会罪论处。日本国会制定的关于证人在议院之宣誓及证言等法律规定：各议院议长或委员会要求证人证言，应先令其宣誓。宣誓书应记载依照良心，叙述事实，既不隐匿，亦不增加任何事项。凡经各议院要求到场作证或提出文书，无论何人，原则上均应按要求执行，否则，各议院或委员会应向裁判所告发。对于违反规定者订有罚则：依照本法律宣誓的证人如作虚伪的陈述时，处三个月以上十年以下的有期徒刑。

监督信息渠道的网络化能够为议会监督提供充分的信息。充分的信息资源是议会进行有效监督的基础。当代社会是信息化时代，信息作为一种资源的重要价值已越来越为人们所重视。西方议会监督过程中，逐渐形成了信息渠道的网络化，使得西方议会耳聪目明，眼观六路，耳听八方，对政府及行政系统盯得更紧了。以美国国会为例，国会建立的信息网络覆盖面相当广，信息来源渠道有许多，正式的渠道按照提供信息的主体分类，有：大众传播媒介提供的信息、选民提供的信息、压力集团提供的信息、政府官员及机构提供的信息、总统提供的信息（国情咨文、预算建议等）、国会委员会、议员、议员助手、委员会工作人员、幕僚机构提供的信息、国外新闻媒介、政府、企业、团体提供的信息等。非正式的信息渠道包括委员会和小组委员会与行政首长之间、委员会工作人员与行政机构的高级管理人员之间、议员与行政官员之间、议员助手与行政人员之间的非正式接触时所获得的信息。网络化的信息渠道保证了议会在从事监督活动时拥有足够的信息资源。

（十二）议员素质、政治能力及责任感诸因素在议会监督中起决定性的作用

在任何一个政治结构体系之中，人是诸要素中具有决定性作用的要素，没有这一要素的存在，任何政治结构体系就不可能运作起来。在议会监督机制中，议员是决定性的要素，因为议员是构成议会的主体，议会的监督机制的运作必须依靠议员来推动，既然议会监督机制是依靠议员来推动的，那么，议员的素质、议员政治能力、责任感诸因素对于推动监督机制的运作有较大的影响。

　　议员素质是指每个议员所具有的基本素质，包括教育程度、职业经历、家庭出身、个人品德修养、政治信仰、政治热情和忠诚心以及良好的心理素质等。议员政治能力是指每个议员在政治生活中应具有的表达能力、辩论能力、影响力、行为能力、综合能力、协调能力、指挥能力以及开拓创新能力等。政治责任感是议员作为选民的代表所具有的恪尽职守，积极履行法定权利、义务的意识和观念。根据以上章节引证的统计资料，虽然不能断然得出结论说西方议员素质高、政治能力强、有较强的政治责任感，也不能单单从阶级感情出发竭力否定西方议员的素质、能力和责任感。实事求是地分析，根据统计数据，西方议员绝大多数接受过大学本科教育，美国第 100 届国会众议院议员 61% 有硕士学位，参议员 79% 有硕士学位，年龄多在 40—60 岁之间，职业多是律师或金融、商业界，而且多数都是连任议员，这就说明无论从个体或从总体上讲，西方议会议员的素质是较高的。而且从政治录用渠道分析，议员都是通过激烈的竞选角逐才当选的，竞选过程本身就足以表示出一个人的政治能力。威尔逊指出："参议员们都是根据国家立法机关共同遵循的自然选择的法则，从积极活动的政治家中选出来的。非常可能的结果是，选入参议院的都是我国的制度吸收到政治中去的最佳人物。""参议院吸收了我们的政治制度所能造就的最优秀的人物。"[①] 至于议员的政治责任感，从以下几方面就可以说明，其一，竞选议员是每个候选人自愿的主动的行为，他（她）费尽力气竞选上了议员，就会珍视这一角色。其二，选民的知政压力很强。以美国国会为例，调查显示，十分之九的选民要求国会更好地向社会报告它的工作，每一个现任议员再次竞选时，如果不能令人信服地解释他的投票记录，或者院外集团、政治行动委员会宣传他的投票记录很糟糕，他的竞选就将凶多吉少。其三，议会内部存在有一定的竞争机制，每个议员都在力争为自己的选区、选民争取实惠。以上三点从外部原因来说明了议员的政治责任感。就议员本身的态度讲，他（她）也愿意积极履行自己的职责。在一项对美国众议员进行的抽样调查中，当询问他们是代表全国公民呢？还是代表选区，或是二者兼而有之？结果，"42% 的众议员把选区摆在首位，28% 的众议员把全国公民摆在首位，23% 的众议员认为自己既代表选

---

① ［美］威尔逊：《国会政体》，商务印书馆 1986 年版，第 105—106 页。

区，又同样代表全国选民"。① 无论代表选区或全国选民或二者兼而有之，都说明了他们具有代表意识，愿意履行自己的政治职责。

除上述因素外，西方国家给予议员的优厚的待遇和充足的办公和活动经费也是一个不可忽视的重要因素。

从西方议会监督制度建立、发展和不断完善的历史过程中，笔者概括出以上十二个大的方面，指出这十二个方面对西方议会监督制度的影响。这些方面显然是西方资本主义社会政治经济文化条件下的产物，是适应西方国家国情的。但是，我们也可以从这十二个方面中或多或少寻找出适合我国国情的东西，毕竟西方议会监督制度也是世界政治文明宝藏中的一份财产，可以吸收其中的合理成分，洋为中用。但必须把握这样的总体观点，即西方议会监督制度是资本主义政治制度的一个组成部分，它所维护的是资本主义宪政制度和三权分立与制约的政治原则，它的作用是调整与协调资产阶级内部的权力利益关系，缓和或减少统治阶级与广大劳动群众的矛盾与冲突，西方议会监督制度有利于资本主义社会政治和经济文化生活的稳定和秩序。因此，不认清楚这一本质，一味认为西方议会监督制度好，全盘照搬移植于中国，显然是行不通的。笔者认为在借鉴西方议会监督制度时，最为重要的是分清楚议会监督制度的本质与形式的关系问题。如前所述，西方议会监督制度在本质上是为垄断资产阶级利益服务的，它是为了维护资产阶级所需要的"秩序"。在上述诸多要素分析中，一些与这一本质紧密联系的要素显然不能加以借鉴。我们不可能借用西方议会监督思想学说来论证我国的人大监督制度，不能采用三权分立与制衡原则来设计中国的社会主义政治体制的结构，不能把多党制、两党制的政党体制搬到中国政治生活，也不能建立完全西方化的自由经济制度，这些都是与我们社会主义政治民主相悖的，这是政治原则问题。但是，西方议会在监督活动所采取的一些形式，以及为了保障议会监督权的有效实施采取的一些具体的方法、手段，提供的一些条件等是可以借鉴的。总之，借鉴西方议会监督制度，必须认清其本质，在此基础上，结合中国国情，以科学的态度，对之加以分析批判，对其符合中国国情的东西，对其符合我国人大监督制度建设的东西加以借鉴。

---

① Roger H. Davidson, *The Role of the Congressman*, Bobbs Merrill, 1969, p. 122.

第六章

社会主义市场经济条件下我国
人大监督制度的完善与加强

　　研究西方议会监督制度，是为了对之批判和借鉴，并结合我国国情，为进一步完善与加强我国的人大监督制度提供咨询、参考。人大监督制度是我国人民代表大会制度中最为重要的内容，也是我国社会主义民主政治制度的重要标志之一。社会主义市场经济的发展对社会主义民主政治建设将产生巨大推动作用，随着我国民主政治制度的发展，人大监督制度也将得到进一步完善与加强。那么，在人大监督制度的完善与加强过程中，如何借鉴西方议会监督制度呢？换句话说，西方议会监督制度的完善与发展过程对我国人大监督制度的完善与加强有哪些启示呢？

一　我国人大监督制度的基本状况

　　我国人大制度的建立已有六十年的历史。如果在往前追溯，第一次国内革命战争时期出现的农民协会制度是我国人大制度的萌芽，第二次国内革命战争时期的工农兵代表会议制度是人民代表大会制度的雏形，抗日战争时期的参议会制度是我国人大制度发展历史过程中的一个重要环节，解放战争时期的人民代表会议制度是人大制度的过渡形式，新中国成立初期的中国人民政治协商会议是新中国成立初期我国政权的一种特殊组织形式，我国的人民代表大会制度是从这一形式直接过渡过来的。我国人大制度的发展过程是十分曲折的，从 1954 年我国人大制度初步确立到现在，历经风风雨雨。1957 年下半年至 1966 年的"文化大革命"，由于极"左"思想的影响，搞反右斗争扩大化，我国人大制度刚开始发展就遭遇厄运，走向停滞和削弱。"文化大革命"的十年，我国人大制度遭到全面破坏和损害，名存实亡，几乎没有起到国家权力机关的作用。党的十一届三中全会以来，我国人大制度开始逐步恢复和发展。因此，确切地讲，完整意义上的我国人大制度建设的历史仅有三十多年，还处于探索时期。尤其是现在，社会主义市场经济建设条件下，我国的人大制度如何适应新的环境进一步健全和完善，已成为现在和今后人大制度建设面临的新课题。

　　作为我国人大制度的一项重要内容的人大监督制度，经过三十年的实践，已初步形成框架，一些基本的具体监督制度已建立起来。这些具体的监督制度包括：听取、审议工作报告的制度；审查和批准计划、预算的制度；审查规范性文件的制度；对法律的实施情况进行调查、视察或检查的制度；受理申诉、控告、检举的制度；询问和质询制度；特定问题调查制度；罢免和撤职制度。这些具体制度的建立有利于人大监督作用的发挥。但是，这些具体监督制度仅仅是初步建立，仍需要在人大工作的实践当中进一步健全和完善。笔者认为，我国人大监督制度是人大制度建设中最薄弱的环节，需要进一步研究、健全和完善的内容有许多，这里面既包括人大监督的内部环境的完善和加强，又包括人大监督的外部环境的改革与调整。

（一）人大监督制度的内部环境的完善与加强

　　人大监督制度的内部环境是指影响人大监督效果的内部各种因素，如体制因素、人员因素等。人大监督要进一步完善和加强与上述诸因素有密切关系。

　　首先，体制因素中，具体制度、法规没有健全，监督主体与监督客体的关系没有理顺，往往导致人大监督无从入手、无法可依、缺乏力度和效果。人大监督法是人大监督活动的直接法律依据，党的十三届六中全会决定提出，建议全国人大常委会拟定监督法，但迄今还没有出台。宪法和人大组织法规定的监督权在很大程度上得不到落实。其他的一些具体制度规定也过于原则，执行起来有一定难度。如审查和批准国家计划、预算，是人大和常委会工作监督的重要内容，但是由于缺乏具体的法律规定，人大在讨论审查时往往是一般议论多，具体审查少。对一些本应审查的重点内容（就全国人大及其常委会而言），如国民经济发展速度及主要行业的发展速度、年度计划的综合平衡、固定资产投资规模及特大建设项目、国家预算规模、举债规模及行政管理费支出等，没有具体的数量界定，也缺少审查批准的程序规定。人大监督没有专门机构承担，如宪法规定，全国人大和常委会都有监督宪法实施的职权，但由于缺乏专门的宪法监督机构，使得这一工作并未得到开展。人大监督工作任务量较大，同时监督工作涉及许多专业技术知识，需要有一定数量和水平的辅助机构，但是，就目前全国人大及其常委会的办事机构的构成状况来看，机构不健全，人员素质需提高，机构工作规则和程序不规范。这种状况的存在，必然导致人大监督流于形式。在人大监督实践中，哪些监督主体应享有监督权也是需进一步研究的问题。如人大各专门委员会在人大及其常委会领导下，承担研究、审议和拟订有关议案的工作，工作量很大。各专门委员会对其负责的领域比较熟悉，但法律没有明确规定各专门委员会有监督权。一方面是监督权集中于人大及其常委会；另一方面是有许多部门和领域需要监督，监督任务日益繁重。这种状况的存在，显然影响监督效果，因此，人大监督机制需要完善。

其次，人员因素中，影响人大监督权行使效果的、目前亟待解决的问题有如下几个：代表素质、工作人员素质、常委会组成人员专职化等。我国人大制度建设中，代表素质是指代表履行其职责所必须具备的内在品质和能力，它包括政治素质、文化素质、参政议政素质、身体素质等内容。随着社会主义民主政治的发展，以及人民代表大会制度的进一步完善，建立高素质的代表队伍对于发挥人大的作用至关重要。现在，人大代表素质问题已成为社会上和学术界关注的热点。事实上，代表素质问题不容乐观。存在的问题也较多。在代表构成上过多注重形式上的构成，过多强调代表应具有的广泛性、代表性和先进性，忽视了代表的内在品质和能力素质。从而出现代表文化素质偏低、参政议政能力较低等问题。影响人大作用的发挥，社会上把人大称为"橡皮图章"，认为人大的作用就是举手、拍手、走过场、走形式，与人大代表素质有密切关系。工作人员素质是指人大机关的工作人员的素质。这些人员承担着人大大量的具体事务性工作，他们素质的高低直接影响人大作用的发挥。现在的问题是，这些人的素质有待提高，尤其是其专业知识有待提高。在地方各级人大中这一问题尤为突出。人大常委会成员专职化问题也是人大制度建设中人们探讨、研究的重要问题。目前，我国法律没有明确规定人大常委会成员的专职化。党的十三大报告中指出："要加强全国人大特别是它的委员会的组织建设，在逐步实现委员比较年轻化的同时，逐步实现委员的专职化。"第七届、第八届人大常委会工作要点中指出要实现常委会委员的专职化。从现在的情况看，委员的专职化还停留在最低的要求上。一是专职委员数量少，还没有成为组成人员的主体，有的委员兼职过多。二是委员从事人大工作的时间少。现在，我国人大常委会组成人员还有一个"中国特色"，即许多人大常委会的领导和组成人员都是退到二线的同志，也就是原先在各级党委和政府部门担任领导职务的同志，因为快到退休年龄，或者任期届满，或者党需要他（她）再为国家继续工作，被党委推荐到了各级人大常委会，这些同志政治经验丰富，组织领导能力强，但是有的人年龄老化，精力有限，有的人到人大后抱有养老思想，缺乏参政议政的积极性。人们称人大常委会为"养老院"，只顾养老，不发挥作用，在一定程度上反映出目前我国人大常委会组成的现状。由此可见，人大监督制度的内部环境的完善和加强迫在眉睫。

（二）人大监督制度的外部环境的改革与调整

人大监督制度的外部环境即影响人大监督权得以充分发挥的外部条件。它包括的内容主要有：政党因素、经济因素、政治文化因素、大众传播媒介因素，等等。正确处理人大与共产党的关系是搞好人大监督的关键因素。人大在行使监督权的过程中，常常因为遇到不知如何处理与共产党的关系问题而无法进行监督。由于党政不分现象的存在，有的政府的决策和政令是与党委一起作出的，或者是经过党委同意的，有的人事安排是由党委推荐的，有些重大案件是由党的政法委员会统一协调的，在这种情况下，人大如何摆正其与共产党领导的关系就显得十分重要了。实际上，这也是重大的政治原则问题，长期没有得以解决。虽然在宪法上明确了人大与政党的关系，规定了政党要在宪法和法律规定的范围内活动，共产党党章也有类似的规定，共产党的文件中和党和国家领导人的讲话中多次讲到要支持人大行使职权，但是，在实践中遇到上述问题，人大仍感到难以处理，人大在发挥监督职能时顾虑重重，具体操作时很困难。因此，正确处理共产党领导与人大制度的关系是充分发挥人大监督作用的关键。经济因素是制约人大监督效果根本因素。人大监督制度与我国实行的经济体制有密切关系。在计划经济体制下，要求政治权力的高度集中，尤其是不适当的高度集中于各级党委和党的一把手，人大作为国家权力机关的作用在现实政治生活中体现不出来，也无法发挥作用，人大监督作用更是无法谈起。现在，我国实行社会主义市场经济体制，这种体制必然要求民主政治与之相适应。人大监督制度建设作为社会主义民主政治建设的重要内容已被提上议事日程，而且近年来备受社会各界和学术界的关注；政治文化是影响人大监督权有效运作的深层次因素。笔者在前面章节已专门阐述了政治文化对西方议会监督权的影响，并提出议会监督机制的有效运作离不开特定的政治文化环境因素。我国社会的政治文化有有利于社会主义民主政治发展的一面，马克思主义政治理论、观点是我国政治文化的重要组成部分。现阶段，随着社会主义市场经济发展及民主政治建设的发展，人们的民主观念、平等观念、参政议政能力都有明显提高，这对于人大监督权的行使是良好的文化保障。但是，我国有几千年的封建专制历史，长期形成的专制型的政治文化沉淀，在人们的观念、意识中还有所反映，诸如一些人还存在着专断、人治、特权、官本位等思想意识，有的人还信奉中庸之道、明哲保身的哲学，中国人特有的要面子、讲人情，怕得罪人的思想意识在现实政治生活中的表现也很突出。上述不良的政治文化因素对人大监督制度的影响显然是不利的。

二 西方议会监督制度对我国人大监督制度建设的启示与借鉴

我国人大监督制度的加强和完善，需要走符合中国国情之路，应有中国特色。但是，这并不是说拒绝借鉴西方议会监督制度。凡是有利于加强和完善我国人大监督制度的，应该大胆借鉴。在前面章节，笔者对西方议会监督制度给予了总结，概括了十二项因素，这十二项因素的综合作用，促进了西方议会监督制度的不断发展和完善。我们要加强和完善我国的人大监督制度，最根本的原则是坚持以马克思主义、邓小平理论为指导，立足我国国情。但是，对西方议会监督中值得借鉴的东西，要敢于借鉴，善于借鉴。那么，如何借鉴西方议会监督制度中的合理因素呢？笔者就以下几个方面进行了思考：

（一）加大研究力度，发展和完善人大监督理论

西方议会监督制度建立、发展过程中，有自成体系的政治理论作为支撑。西方议会监督制度建立之前，资产阶级学者提出的一些政治学说为议会监督制度的建立奠定了理论基础，资产阶级统治者以此为指导思想，在新中国成立之时设计了权力制约的政治构架。在西方议会监督制度实践的过程中，随着社会政治、经济、文化等因素的变化，资产阶级学者不断研究、探讨、创立新的监督理论学说，为西方议会监督制度的不断完善提供理论支持。这对我国人大监督制度的完善有一定的启示。马克思主义经典作家的国家学说是我国人大监督制度建立的指导思想，其中的"议行合一"理论、"权力分工"思想、"普选制和随时撤换制"学说，是人大监督制度建立与完善的指导思想。随着时代的发展，马克思主义理论学说也要发展和完善。在新的历史时期，人大监督制度的加强和完善仅仅依靠传统的马克思主义经典作家的有关理论学说是不够的，毕竟革命导师是人而不是神，他们对当代国际共产主义运动的现实情况不可能预料得很准确，对现在社会主义国家的具体现实不可能知道，因此，马克思主义经典作家的理论只能是原则性的指导，而且还需要结合社会主义国家的国情对其进一步发展和完善。当代马克思主义——邓小平理论是我国社会主义现代化建设的指导思想，邓小平理论中关于社会主义民主政治的理论是我国人大制度建设的指导思想，也是完善人大监督制度的理论指导，但是邓小平理论也要丰富和发展。应以邓小平理论中关于社会主义民主的政治理论为指导原则，进一步研究和探讨如何加强和完善我国人大监督制度。这方面需要研究的问题有很多，目前学术界对这方面研究得不多，没有突破性进展。建立权力监督机制以防止权力滥用现在已形成共识，就人大而言，建立什么样的机制，这一机制如何有效运作，就需要具体分析研究了。

（二）人大监督制度的加强与完善的基础是发展社会主义市场经济

社会主义市场经济有利于民主政治的发展。市场经济的本质是自由竞争性经济，自由竞争、平等、自由是市场经济发展的内在要求。随着社会主义市场经济的发展，各经济主体的自由、平等、竞争意识增强，对政治上层建筑会提出更多的民主要求。公民及经济主体的政治参与意识和能力会增强和提高，他们对社会主义政治民主化会积极推动。同时，随着社会主义市场经济体制的建立和发展，将为社会主义民主政治奠定坚实的物质基础。市场经济发展的结果，必然出现经济利益多元化，多元的经济主体会积极参与政治活动，参与国家管理，这将成为今后我国政治发展的动力。总之，加强和完善我国人大监督制度，从根本上是要发展社会主义市场经济，以市场发展促进政治发展。

（三）人大监督制度应实现制度化、法制化

西方议会监督制度发展过程中，逐步建立了一套相对完备的法律制度。从宪法、议会法，到各种议事规则等，内容涉及议会组织结构、议会职权、议员权利义务、议会工作程序、议会活动规则、会议规则以及幕僚制度等，保证了议会监督活动有法可依。社会主义市场经济条件下要实行依法治国，人大监督理应纳入法制轨道。人大制度恢复和发展近二十年来，自身建设方面的法律制度逐步制定出来，但是有关人大监督方面的法律制度显然很少，《人大监督法》迄今没有出台，围绕行使监督权的其他配套法律制度，有的只是原则性的规定，缺乏可操作性，有些方面没有法律规定，人大监督活动基本上是无法可依。近些年，一些地方人大及其常委会在人大监督实践中尝试性地制定了一些地方性法规，但仍属于探索性质。人大监督权要真正落到实处，需要在实践中不断探索和总结。同时，这又涉及我国的政治体制改革的重大原则问题。因此，完善人大监督制度还需要一个过程。但是，有些西方议会监督实践中的经验、方法可以借鉴，比如：建立人大监督的旁听制度，人大监督的公开制度，制定监督法赋予专门委员会行使部分监督职权等权力，对于人大监督权行使的具体程序、步骤的规定，等等。人大监督实现制度化、法制化，才能够保障人大监督活动有法可依，才能够树立人大这一权力机关应有的地位和权威。

（四）完备的高效率的人大办事机构是人大监督活动不可缺少的得力助手

人大监督活动离不开人大办事机构，人大行使监督职权活动中，有大量的具体事务是由办事机构承担的。西方议会的幕僚机构十分健全，幕僚人数也很多（具体数字见前面章节），能够保证议会正常的工作。西方议

会的幕僚已成为议会监督活动的有力帮手。我国人大的办事机构还不健全，工作人员还不足一千人。在社会主义市场经济建设的新时期，我们要依法治国，人大的监督任务必然会日益繁重，这就要求进一步健全办事机构。同时，办事机构的工作人员的素质也应提高，应当具有法律知识，具有某一方面的专门技术知识，这样的办事机构才能成为人大的得力助手。

（五）社会主义政治文化是加强和完善人大监督制度的软因素

人大监督需要一定的政治文化环境。社会主义市场经济建设过程中，我国社会主义政治文化建设面临的课题很多。从战略角度出发，提高我国公民的文化素质是政治文化建设的基础。发展市场经济，普及义务教育是提高全民族文化素质的根本出路。我国还处于社会主义初级阶段，这一国情决定了我国公民的文化素质还需要不断提高。现在，我国公民的民主知识、民主政治意识、权利意识、平等观念等还很淡薄，这与我国几千年的封建专制历史的影响有关，也与我国长期实行计划经济体制、高度集权的政治体制的影响有关。近些年来，随着社会主义市场经济体制的逐步确立和市场经济的发展，给人们带来了平等、自由、权利等观念，公民的政治意识、政治参与能力有所提高。但是，我国公民的民主政治素养还有待提高，公民的政治知识、知政欲望、政治参与意识和能力等还远远不能适应现代民主政治发展的要求。进行政治文化建设是政治社会化过程，是一项系统工程，为此，应发展市场经济，发展教育，拓展传播渠道，加大对民主政治思想、民主意识的传播力度。必须建立有效的公民政治参与机制，鼓励公民的政治参与热情。进一步推进政治体制改革，逐步实行政治公开化，增强政治透明度。这些措施有利于社会主义政治文化建设。适应社会主义民主政治发展的政治文化，是人大监督活动不可缺少的软件。良好的政治文化环境有利于人大监督制度的发展和完善，有利于人大监督权的有效运作。

（六）代表素质的提高是人大监督权有效运作的关键

在前面章节里，笔者对西方议会监督主体之一的议员进行了定量分析，统计数字显示，西方议员绝大多数接受过大学本科以上教育，年龄多数在40—60岁之间，职业集中于律师、金融和商业界，而且大多数是连任的议员。从政治录用渠道分析，大多数是通过激烈的竞争角逐当选的，竞争本身就能显示一个人的政治素质。这说明，西方议员的个人素质和整体素质都是比较高的。显然，我们不能拿西方议员的情况与我国人大代表直接相比较，不能把人大代表视同西方议员，但是，有一点可以肯定，即权力机构是通过代表活动发挥作用的，权力机构发挥作用的程度在很大程度上取决于代表的素质和能力。制度再好，没有高素质的人去实施，这种制度也发挥不了作用，这种制度的良好效果也显示不出来。近年来，我国人大代表的素质在不断提高，以第九届人大代表为例，据统计，第九届人大代表 2980 人，具有大专以上文化程度的由第八届时的 68.74% 上升到81.20%。从年龄上看，代表中，31—70 岁的代表占代表总数的 97.32%，平均年龄由上届的 53.13 岁，下降为 52.27 岁。虽然年龄并不能与代表的素质和能力画等号，但是，一般来看，年轻人精力旺盛、不因循守旧、有开拓精神、工作热情高，而年龄大的人在上述几个方面显然不能与年轻人相比。笔者认为，尽管我国人大代表的素质和能力在不断提高，但是，这种提高主要是人为的结果，是我党从认识上重视人大制度建设的结果，现在并没有建立一种有效的机制，从法律上、制度上保证当选的人大代表是高素质的、是有能力的。笔者认为，人大监督制度要适应社会主义市场经济发展的要求，要适应社会主义民主政治发展的要求，必须建立有效的人大代表产生机制，这种机制要有利于高素质代表的产生。各级人民代表大会是国家的权力机关，其代表是接受人民委托来行使权力，是人民意志和利益的代言人，代表在权力机关的一言一行，直接代表着人民的意愿，代表是社会主义国家人民管理国家最直接、最主要的体现。代表的这种地位和作用要求我们建立科学的民主的而且要符合中国国情的选举机制，选举出人民真正信赖，又有能力胜任代表角色的人大代表。为此，应在如下几个方面进行改革和完善：

第一，在代表候选人的提名上要进一步改革和完善。代表不只是一种荣誉称号，不是"明星"、"模范"、"冠军"、"官员"的代名词，代表应是积极主动、有能力、忠实履行其法定权利和义务的代表。因此，候选人提名的前提应是他（她）本人愿意当代表，有强烈的政治热情和参政欲望。与初级阶段的国情相适应，目前我国人大代表的候选人是由党派、团体以及选民联名推荐的，这种方式实行的前提也应是候选人自愿。如果候选人是被党派、团体以及选民硬性指派或推荐的，候选人本人并不热衷于政治，不愿意作为候选人，即使当选，也不可能发挥作用。其结果，就不能体现代议制民主政治的实质，而仅仅成为了一种形式，成为一种摆设，马克思主义经典作家早就对资产阶级统治者把议会作为"清谈馆"来愚弄人民的做法进行了无情的揭露和批判，我们社会主义民主政治是真正的、实质的民主政治，显然不能把民主当作一种形式和摆设。因此，人大选举前，要进行广泛宣传，鼓励和支持符合条件的选民报名参选，党派、团体以及选民推荐的人大代表候选人应当从这些主动报名者中间产生。

第二，拓宽对候选人的宣传渠道，加大宣传力度，增强宣传效果。让选民充分了解代表候选人是选民的权利，也是保证选举质量的前提条件。现在，对人大候选人的宣传多是介绍其基本情况和简历，对其工作情况的介绍也是概括性的，选民从中了解不到更多的信息，投票随意性大。其实，对候选人的宣传完全可以采取多渠道、全方位。也可以让候选人通过大众传播媒介或到选民中间与选民见面、沟通，可以让候选人陈述自己的政见，回答选民提出的问题，这样选民能够充分掌握有关候选人的信息，选民投票会多些理智，少些随意。

第三，选民应对代表享有真正的监督权。对代表实行随时撤换制是社会主义选举制度与资本主义选举制度的本质区别，是社会主义民主政治的本质要求。人民代表是代表人民行使国家权力的，人民保持对代表的制约权，以便使代表的活动能够代表人民的意志和利益，反映人民的愿望和要求。在现实政治生活中，随时撤换制没有得以真正实行，代表本身没有压力和动力，也就是没有危机感，一方面，代表并没有重视自身的价值，对自己的代表权利意识较淡薄，认为不当代表也无所谓。另一方面，随时撤换制没有可具体操作的法律规范，形同虚设，在现实政治生活中无法体现出来。资本主义国家的选民对议员不能随时撤换，但是，在议员任期内，选民对他们的言行都有记录，如果议员任期内没有履行竞选时对选民的承诺，或者任期内不能较好地履行议员职责，到再次选举时，他（她）就会落选。我们对代表的监督时也应借鉴其中的做法，如增加代表活动的透明度，记录代表任期内的言行，定期向选民公布等。笔者认为，按照马克思主义经典作家关于代表随时撤换制的理论，根据初级阶段这一国情，建立对代表的有效监督机制，这对促使代表们认真履行其职责是十分必要的。上述措施的实施，有利于代表素质的提高。

纵观西方议会监督制度发展的历史过程，除上述几个方面对我国人大监督制度具有借鉴意义外，在其他方面对我国人大监督制度也有一定的启示：西方议会作为国家权力机构的一个组成部分，十分注重自身作用的发挥。人大作为我国的权力机关应具有依法履行职责的高度责任感，人大代表在其位，就要认真谋其政，认真履行职责，自觉维护人大的权威，主动发挥人大的作用；人大监督制度建立、发展、完善是一个过程，在这个过程中，共产党的领导作用是至关重要的。共产党作为中国唯一的执政党，它能否正确处理与人大制度的关系，关系到人大作用能否正常发挥。因此，应按照宪法规范党与人大的关系。一方面，要坚持中国共产党的领导，保证共产党的执政党地位不动摇；另一方面，要坚持人民代表大会制度是我国的根本政治制度，充分发挥人大制度的作用，发展社会主义民主政治。这两方面是不矛盾的，关键是要通过实践探索，制定出一套便于这两方面统一与协调的运行机制；我们还应看到，人大监督制度在其发展和完善的过程中，它所面临的环境是不断变化的，因此，人大监督制度也要随着环境的变化不断调整和改革，适应环境的挑战。只有这样，我国人大监督制度才能不断加强和完善，才能在社会主义市场经济建设中发挥其作用。

后　记

　　《论西方议会监督制度》一书，是在我的博士论文的基础上形成的。在此书付梓之时，我感想颇多：1989年我从吉林大学研究生院政治学专业毕业，到郑州大学当了一名教师，三尺讲台站了五年，感到自己功底太浅，后劲不足，萌发继续深造的念头，于是，告别了聪明、贤惠、勤劳的妻子和活泼、美丽、可爱的女儿，又回到母校师从王惠岩教授，攻读政治学博士学位。三年时间，暂离喧闹的社会，静入书斋，潜心读书。年迈的父母很支持儿子，多次想把他老人家的口粮卖掉供儿子学习。妻子很理解我，她一个人坚强地支撑着我们这个三口之家，一边工作，一边带女儿，解除了我的后顾之忧。对父母之恩我无论如何也报答不尽，对妻子、女儿我会永远爱她们。我在撰写博士论文过程中，我的师兄弟、学友，在生活上和学习上给予了我莫大的帮助，张志尧、张贤明、郑维东、李晓男、李春华等对我的论文提出过许多有益的建议，张耀东、韩忠宝、王印、孙丽娟、宋欧、郑玉洁、邵力、刘雨露、陈志德等在生活上和精神上给予我很大的帮助和安慰，同学、朋友的友谊永远铭记在我心中。

　　我师从王惠岩教授六年，从硕士到博士，导师对我言传身教，严格要求，从为人到做学问，使我受益匪浅。师母待我如子，在生活上给予我无微不至的关怀，我能够顺利地通过博士论文答辩，获得博士学位，要感谢导师和师母。

　　在《论西方议会监督制度》一书的写作过程中，我参考了中文和外文许多著作，有的在书中作了注释，有的没有注明出处，这里不再一一列举，在此，表示感谢。

　　这里需要指出的是，由于本人理论水平所限，拙著中的论点及分析一定有许多不足，恳请政治学界前辈和同仁提出宝贵意见。还需指出的是，对西方议会监督制度这一课题进行研究，一个客观存在的困难是资料严重不足，本人虽尽最大努力查阅了大量中外文献资料，但仍感资料不充分、不齐全，所以，本人也希望今后继续努力，使这一课题的研究更加全面、深入。